中学
総合的研究問題集
国語読解

A Comprehensive Reading Exercise Book for Junior … Japanese

旺文社

はじめに

みなさんは難度の高い問題にぶつかったとき、「こんな問題が解けても本当に社会に出てから役に立つのだろうか」と思ったことはありませんか。けれど、難問に立ち向かうときの忍耐力と集中力、頭の中であらゆる知識を探り出し組み合わせて解こうとする思考力は、将来、みなさんが直面するであろう困難に対して、必ずみなさんを助けてくれるものです。現代社会は多様化・複雑化しています。いつも通りの知識の組み合わせでうまくいかないときがきっとあるでしょう。そんなとき、粘り強く考え抜く力こそが、みなさんの生きる力となってくれるに違いありません。

中学生の今、難問を解く価値はそれだけではありません。みなさんが自分の中にどんな宝物をもっているかをまわりのおとなたちも、みなさん自身もまだ知りません。難しい問題への挑戦は、みなさんがそれぞれにもっている可能性という宝物を発見するためにあるのではないでしょうか。たくさんの未知のものに触れ、その中から一つでも「もっと知りたい」と思うものがあったら、それがその人の可能性です。

未知のものから得られる「もっと知りたい」は教科とは離れることもあります。国語学習から歴史や他国の文化に興味をもつ人もいるでしょう。言葉を学ぶ中でコミュニケーションの重要性に気づき、教育やカウンセリング関連の知識を深めたいと思う人もいるかもしれません。この問題集を自分の可能性の発見に役立ててください。みなさんがもっている無限の可能性が、社会全体の宝物になっていくことを強く信じています。

株式会社　旺文社　代表取締役社長　生駒大壱

なぜ「国語」に「読解」が必要なのか？

なぜ「国語」に「読解」が必要なのか？

投げ出すことのできない受験生の素朴な「疑念」の表白であろう。辞書における「読解」とは、文字どおり「読み解く」ことである。この意味において、「読解」は「国語」という教科に限られたことではない。すべての教科において「読み解く」ことは求められている。

例えば社会科の文章において、「頼朝は、三方を丘陵に囲まれ相模湾《さがみわん》に面した要衝《ようしょう》の地に幕府を開いた。」という文に出会うと、傍線部はどこのことかと問われる前から、誰もが「鎌倉」という地名を意識しながら読み進めている。例えば数学において、直角三角形の二辺の長さが解《わか》っている場合、誰もが「三平方の定理」を思い浮かべているはずである。

このことは、学校の授業においてだけではない。世の中に氾濫《はんらん》するあらゆる情報の受け取り方にあてはまることなのだ。可能な限りの「予備知識」を補って理解しようとすること、これがすべての教科において求められている、極めて一般的な「読解」の意味である。

ところで、「国語」の文章中に「このキカイを十年間待ち続けた。やっと出会えたのだ。こんなことは、そうそうあることではない。」とあった場合、傍線部の漢字はどのようにして決まるのであろうか。

当然、読んでいるのは長い文章中の一部に過ぎないのだが、即座に「機会（チャンス）」という漢字に決まってゆくところから、「国語」においても、やはり「機会・機械・器械・奇怪」などの同音異義語の「予備知識」と、予備知識から「機会」という二文字に絞《しぼ》り込んでゆく「読解」という操作が不可欠なことは明白である。

一、「国語」においても「予備知識」は不可欠なアイテムである。

二、予備知識から答えを絞《しぼ》り込むには、「読解」という操作は不可欠な技術である。

しかしながら、この漢字の正解が実は「機械（マシーン）」なのだと知らされた場合、我々はどのように反省すべきなのであろうか。傍線部の前後から見て、ほとんど《常識的》に「機会」が正解であろうと思われるにもかかわらず、その常識どおりにゆかなくさせているもの、それが文章全体をまとめている《書き手の論理》なのだ。

文章の書き手が変われば、十人《じゅうにん》十色《といろ》に感じ方も考え方も言葉の使い方も様々に違ってくる。だから、文章の一部分を自分勝手に「常識」などで判断してはならないのだ。書き手の考えに素直に従って、常に文章の全体から読み解くこと、これが「国語」という教科における「読解」の意味であり、自明の前提なのである。

三、国語の読解を妨《さまた》げるものは、読み手の勝手な「思い込み」である。

こう反省した上でさらに、我々の誰もが自己中心的でひとりよがりで、書き手の立場に立って考えることなど、もともと苦手《にがて》な動物なのだと知れば、「なぜ国語に読解が必要なのか？」という疑念に対しては、もはや改めて行を費やす必要はあるまい。受験生諸君の、本書に対する粘り強い取り組みを願うばかりである。

開成中学・開成高等学校教諭

峰高久明

本書の特長と使い方

STEP 0
日本語の特色を確認する

STEP 1
文章の文法を理解する

読解のための原則を訓練する、基礎トレーニング

STEP 2
公立高校入試問題

STEP 3
難関高校入試問題

STEP 0、STEP 1の内容を受けた実践トレーニング

本書は「日本語の特色」から理解させ、確実に国語読解力のレベルアップをはかる、STEP UP方式になっている。そのため **STEP 0** には一見、国語読解に役立つのか？ と疑問に思うような問題も含まれている。しかし **STEP 0** から順番に学習していくことで、あいまいなままにしていた読解上の疑問が、はっきりと理解できるようになることに気づくだろう。もちろん国語読解に自信がある人は、 **STEP 2** の入試過去問題から始めてもかまわない。本書の構造をよく理解して効果的に学習してほしい。

STEP 0

7~19ページ

日本語の基本的な特色と、そのルールを確認していく。日本人なら、なんとなくわかっているはず！という部分をあえて練習し確認することで、国語読解問題の足固めをはかる。

『中学総合的研究 国語』の第1章「日本語のきまりを知る」の内容と一部リンク。

付録1
語彙《ごい》力確認テスト

読解をするときに必要な語彙力を簡単チェック。

STEP 1

21~43ページ

文章の読み方の基本的なルールを確認していく。文と文のつながり方や、段落と段落のつながり方、さらに論理の展開の仕方など、確実に文章を読み取れるように、読解に必要な基礎知識を練習する。

『中学総合的研究 国語』の第1章「日本語のきまりを知る」の内容と一部リンク。

問題の解き方を丁寧に解説

別冊解答解説

本文の問題を再掲載し、直接問題文に解説してあるから、解答への思考プロセスが理解しやすい。別冊として抜き取れるので、読解解説の要点書として使うことも可能。

STEP 2

45~63ページ

公立高校入試問題にチャレンジする。よく出題される設問形式を網羅してあるので、さまざまなタイプの問題に慣れることができる。

『中学総合的研究 国語』の第3章「文章の読み方を知る」の内容と一部リンク。
※特に設問形式別の攻略法を知りたいときに活用できる。

付録2
読解に役立つ慣用読み

知っておくと、思わぬところで役立つ慣用読みを掲載。
眺めているだけでも効果抜群。

STEP 3

65~99ページ

難関高校入試問題にチャレンジする。より文章量が増え、難易度が上がった問題を攻略する。もちろん、よく出題される設問形式は網羅。

『中学総合的研究 国語』の第3章「文章の読み方を知る」の内容と一部リンク。
※特に設問形式別の攻略法を知りたいときに活用できる。

目次

CONTENTS

STEP 0

STEP 1

STEP 2　公立高校入試問題

STEP 3　難関高校入試問題

STAFF

編集担当……中出　圓
編集協力……荻野悦子、松井香澄、山本裕子、林　直子（株式会社ブランディット）
校閲……今村貞佳／塚田竹利（有限会社アリエッタ）
カバーデザイン……内津　剛（及川真咲デザイン事務所）
本文デザイン……伊藤幸恵
イラストレーション……作間達也

STEP 0

日本語の特色を確認する

STEP 0の内容は、『中学総合的研究　国語』の
「第1章 日本語のきまりを知る」と一部リンクしています。
本書と合わせて学習すると、より効果的に知識の定着がはかれます。

STEP0 要点解説

日本語の特色を確認する

普段、何気なく使っている日本語の特色を理解して、読解に役立てよう。

さまざまな日本語の特色

1 文字の多様性・漢字と仮名の使い分け

●文字の多様性

日本語は、「漢字」「平仮名」「片仮名」「ローマ字」など、多様な文字体系を使用している。この「文字の多様性」は、日本語に多くの効果を及ぼしている。

●漢字と仮名の使い分け＝分かち書きの代わり

特に、漢字と仮名の使い分けは、日本語に大きな効果を及ぼしている。

平仮名だけを使って、「ここではきものをかう」と続けて書くと、意味がわかりにくい。分かち書きをして、「ここでは　きものをかう」「ここで　はきものをかう」とすれば、意味が通じるようになる。

しかし、分かち書きをしなくても、漢字を利用して、「ここでは着物を買う」「ここで履物を買う」とすると、切れ目がはっきりとして、意味も、より自然にわかりやすくなる。

このように、自立語を主に漢字で書き（【例】「机」「大きな」「歩く」など）、助動詞・助詞といった付属語は平仮名で書く（【例】「れる」「ようだ」「が」「こそ」など）といった日本語の特色は、意味の理解に大変役立っている。

2 語順の自由度

●日本語は助詞が発達しているため、語順が比較的自由になる

日本語	英語
太郎は　犬を　飼っている。 ⬅ 犬を　太郎は　飼っている。	Taro has a dog. ⬅ （語順の入れ替え不可能）

右のように、日本語は助詞によって、主語（「太郎は」）や、英語の目的語にあたる語（「犬を」）を示せるため、比較的、語順は自由になる。

一方、構文の形・文中の語の位置によって、主語・目的語などを決定する英語は、語順の入れ替えが原則として不可能である。

●語順が自由であるだけに、意味があいまいになる場合もある

【例】

・母は　微笑みながら　寝ている　弟を　眺めている。

⬅

文法的には誤った文ではないが、このままでは、「微笑んでいる」のが、「母」なのか、「弟」なのか、よくわからない。

・寝ている　弟を　母は　微笑みながら　眺めている。……微笑んでいるのは「母」

・微笑みながら　寝ている　弟を　母は　眺めている。……微笑んでいるのは「弟」

⬅

語順を工夫すれば、意味が限定できるようになる。

3 読点《とうてん》の力

●意味を変えることのできる読点

先の例文だが、語順を変えなくても、

・母は微笑みながら、寝ている弟を眺めている。……微笑んでいるのは「母」
・母は、微笑みながら寝ている弟を眺めている。……微笑んでいるのは「弟」

⬅ 読点を打つことで、意味を限定することもできる。

ⓧ 母は、微笑みながら、寝ている、弟を、眺めている。

⬅ 読点を打ちすぎては、まったく効果がないので注意が必要である。

読点は、「呼吸でなんとなく打つ」のではなく、「必要なところに意味を考えて打つ」ようにしなくてはならない。

●味わいを加えることのできる読点

さらに読点を工夫することによって、

・「もうさよならだね」➡「もう、さよなら、だ、ね」

のように、意味内容に微妙な味わいを加えることもできる。単語の途中に「さ、よ、な、ら」などと打っても、面白い味わいが出るだろう。

4 省略可能な言葉・敬語の発達

●わかりきった主語の省略

日本語では、わかりきった内容や、前述した内容が主語になる場合、その主語は省略されることが多い。

【例】「ああ、驚いた」

⬅ 「ああ、ぼくは驚いた」の主語が省略されている。

●わかりきった述語などの省略

主語だけではなく、述語なども省略することができる。

【例】田中「彼は、何か僕のことを言っていた?」
鈴木「会いたいねって」➡「彼は、君に会いたいねって、言っていた」

（主語・述語に加えて、英語で言う目的語にあたる「君に」も省略されている。）

●敬語で主語を判定できる

【例】放課後、帰りがけに先生とすれ違ったとき、「さようなら」と申し上げた。微笑んで、「さようなら」と言葉を返してくださった。

⬅ 一文目、二文目ともに、主語が省略されている。

一文目の述語「申し上げた」は謙譲語であるため、動作を受ける人が「先生」、つまり主語は、「私は」になる。一方、二文目の述語「返してくださった」は、尊敬語であるから、動作をする人が「先生」、つまり主語は、「先生は」となる。

5 文末で意味を決定する

●英語は文頭で意味を決定する

英語の場合、例えば、「I think~」なのか、「I don't think~」なのか、文のはじめに決定される。「I am~」「I am not~」等も同様である。

●日本語は文末で意味を決定する

一方、日本語の場合、「僕は……思います」なのか、「僕は……思いません」なのか、文末で決定されるという特色を持つ。そのため、

「僕は……と思わないことがないようにも思わない」

などと、何重にも否定して、訳のわからないような文になってしまうこともあるので、注意が必要である。

STEP 0 1

漢字と仮名の使い分け

てふてふうらからおもてへひらひら

『草木塔』より　種田山頭火

解答・解説…別冊2ページ

1

次の各文の示す意味がわかるように、漢字と仮名を使った表記に直しなさい。

(1) うらにわにはにわにわにはにわにわとりがいる。

〔　　〕

(2) いまはははははたらいている。

〔　　〕

(3) れいのはなしはなしになった。

〔　　〕

(4) このはなのなはなのはなといいます。

〔　　〕

(5) くらかったからたからがなかからみつからなかった。

〔　　〕

2

次の各文は、仮名だけで書かれているため、意味のあいまいな文になっています。そのことを説明した文の〔　　〕にあてはまる言葉を書きなさい。

(1) そこではねないでください。

〔　　〕はいけないという意味にも、〔　　〕はいけないという意味にもとれてしまう。

(2) おおきなかぐはうちにはいらない。

家具が〔　　〕という意味にも、家具は〔　　〕という意味にもとれてしまう。

(3) はははいしゃにみてもらった。

〔　　〕を〔　　〕にみてもらったという意味にも、〔　　〕が〔　　〕にみてもらったという意味にもとれてしまう。

3 次の各文が二通りの意味を表すように、漢字を交えた表記で書きなさい。

(1) そのみちではしらないものはいない。

[　　　　] [　　　　]

(2) みなとであいについてかたる。

[　　　　] [　　　　]

(3) しずかにものがたっている。

[　　　　] [　　　　]

4 文脈に合うように、次の――線部を、漢字を交えた表記で書きなさい。

(1) 父が病にたおれた。しかし、けんめいにかいほうしたけっかかいほうにむかった。

[　　　　]

(2) テストの終了を知らせるベルが鳴った。しけんかんがかいとうようしをかいしゅうした。

[　　　　]

5 次の各文には、ワープロで誤変換してしまったところがあります。それぞれ、本当はどのように変換したかったのかを推測して書きなさい。

(1) 明日橋ごとないのですか？

[　　　　]

(2) 黄身と入れ歯それだけで幸せだ。

[　　　　]

(3) 会社が父さんの鬼気にさらされている。

[　　　　]

6 次の――線部a・bは同じ漢字を書きますが、別々の読み方をします。それぞれの読みをひらがなで書きなさい。

(1) 今日[a]は。今日[b]はどちらにおいでですか？

a[　　　　] b[　　　　]

(2) 草野球の試合を見物[a]するよ。どちらが勝つか見物[b]だね。

a[　　　　] b[　　　　]

(3) 人気[a]のない芸能人が人気[b]のない裏道を歩いている。

a[　　　　] b[　　　　]

(4) 一月[a]から一月[b]がたって二月になった。

a[　　　　] b[　　　　]

STEP 02 語順の入れ替え

今日もかなしと思ひしか、ひとりゆふべを、
「断章」〈『思ひ出』所収〉より 北原白秋

解答・解説…別冊4ページ

1 ――線部が文全体の述語になるように、[ ]内の言葉を並べ替えて、別の一つの文にしなさい。(文の意味が変わってもよい)

(1) 子どもの 姿を 見守っていた 私は 遊んでいる
〔 〕

(2) 父親の 話に 耳を かたむけた 彼は 目を つぶった
〔 〕

(3) 歩道を 歩いている 女性が 長髪を なびかせた
〔 〕

2 次の文の意味を変えずに、語順を入れ替えて、三通りに書きなさい。

・屋根の 上を しっぽの 長い 猫が ゆっくりと 歩いていた。
〔 〕
〔 〕
〔 〕

3 ( )内の指示に従って、意味を変えずに次の文の語順を入れ替えて書きなさい。

(1) 皆が うわさを していた 田中さんを 私は 学校で 見かけた。
(「学校で」で始まる文に)
〔 〕

(2) 会えて うれしいと 彼が あなたに 言うのを きいた。
(「彼が」で始まる文に)
〔 〕

(3) 将来は 野球の 選手に なりたいと いつか 兄は 言っていた。
(「いつか」で始まる文に)
〔 〕

(4) 歩いている 獲物に ライオンは そろそろと 近づいていった。
(「ライオンは」で始まる文に)
〔 〕

4 次の各文と同じ意味を明確に表すものを、あとの**ア**～**ウ**から一つ選び、記号で答えなさい。

(1) 母は　家を　留守にすると　今日　弟が　言っていた。
ア　弟が　母は　今日　家を　留守にすると　言っていた。
イ　母は　今日　家を　留守にすると　弟が　言っていた。
ウ　今日　弟が　母は　家を　留守にすると　言っていた。
[　　]

(2) ぼくは　友人が　学校で　怪我《けが》をしたと　先生から　きいた。
ア　ぼくは　友人が　怪我をしたと　学校で　先生から　きいた。
イ　友人が　学校で　怪我をしたと　ぼくは　先生から　きいた。
ウ　友人が　怪我をしたと　ぼくは　先生から　学校で　きいた。
[　　]

5 次の各文のうち、意味が二通り以上にとれてしまうものを一つ選び、記号で答えなさい。

(1)
ア　そろそろ　帰る　時間に　なると　母が　言い出すだろう。
イ　帰る　時間に　そろそろ　なると　母が　言い出すだろう。
ウ　帰る　時間に　なると　母が　そろそろ　言い出すだろう。
[　　]

(2)
ア　きのう　ぼくは　ひろった　ボールを　友人に　見せた。
イ　ひろった　ボールを　ぼくは　友人に　きのう　見せた。
ウ　ぼくは　きのう　ひろった　ボールを　友人に　見せた。
[　　]

6 次の文が、（　　）内の意味を明確に表すように、語順を入れ替えて書きなさい。

(1) 母は　すぐに　勉強しなさいと　ぼくに　言う。
（「母」が「言う」のが「すぐ」のことであるという意味）
[　　]

(2) 今日　ぼくは　うれしいことが　あったんだと　父に　言った。
（「ぼく」が「言った」のが「今日」であるという意味）
[　　]

7 次の文を、述語（述部）から始まる倒置表現で書きなさい。

(1) テーブルの　上の　ケーキを　食べたのは　だれだ。
[　　]

(2) 宇宙から　見た　地球は　なんと　美しいのだろう。
[　　]

(3) 約束の　時間に　間に合うように　走れ。
[　　]

STEP 3

さまざまな読点《とうてん》の使い方

どういう不安だか、なぜ、不安だか、何が、不安だか、彼には分《わか》らぬのです。

『桜の森の満開の下』より　坂口安吾

解答・解説…別冊6ページ

1 次の各文は、読点が打たれていないため、意味のあいまいな文になっています。そのことを説明した文の［　　］にあてはまる言葉を書きなさい。

(1) 母は大声でおしゃべりをしている弟をしかった。

母が［　　］という意味にも、弟が［　　］という意味にもとれてしまう。

(2) 彼はゆっくりと歩いて行く父親について行った。

彼が［　　］という意味にも、父親が［　　］という意味にもとれてしまう。

(3) かわいらしい目の黒い猫を飼っている。

［　　］がかわいらしいという意味にも、［　　］がかわいらしいという意味にもとれてしまう。また黒いのが［　　］なのか、［　　］なのかもあいまいである。

2 それぞれの**ア**・**イ**のイラストに合うように、次の文の適切な位置に読点を打って書きなさい。

(1) 彼は自転車で逃げるどろぼうを追いかけた。

ア

イ

ア［　　］

イ［　　］

(2) ぼくは弟と妹のプレゼントを買いに行った。

ア

イ

ア［　　］

イ［　　］

3 次の各文が**ア**・**イ**のそれぞれの意味を表すように、適切な位置に読点を打って書きなさい。

(1) 私はデパートで買い物をする母を待った。
ア デパートにいるのは「私」である。
［　　　　］
イ デパートにいるのは「母」である。
［　　　　］

(2) これから体育館で試合を行う時間をお知らせします。
ア 試合の時間を知らせる場所が「体育館」である。
［　　　　］
イ 試合を行う場所が「体育館」である。
［　　　　］

4 次の文は、読点を打ち過ぎていて意味がわかりにくくなっています。（　）の中の意味になるように、不必要な読点に×をつけなさい。

(1) 美しい、目の、大きな、馬が、走る。
（「美しい」のは目であり、「大きい」のは馬の体である。）

(2) 三匹の、犬と、猫を、飼っている。
（三匹飼っているのは、犬である。）

5 次の各文は、読点を打つ位置が不適切であるため、おかしな意味の文になってしまったものです。適切な位置に読点を打ち直して、意味の正しく通じる文にしなさい。

(1) 母は魚をくわえて、逃げるのら猫を追いかけた。
［　　　　］

(2) 兄は、笑いながら怒る弟をからかった。
［　　　　］

(3) その子は父親と子犬を、育てることにした。
［　　　　］

(4) 飼育員が、客にえさをあげないでくださいと言った。
［　　　　］

6 (例)にならって次の各文に読点を打ち、気持ちが強調された文にしなさい。なお読点はいくつ打っても構いません。

(例) あなたに話したい。 ⬇ あなたに、話したい。

(1) ぼくはきみのことが好きだ。
［　　　　］

(2) 犯人はおまえだ。
［　　　　］

(3) わたしはもう疲れました。
［　　　　］

STEP 4 省略された言葉を探す

「ここへ畑起してもいいかあ。」

「いいぞお。」

森がいっせいにこたえました。

『狼森《オイノもり》と笊森《ざるもり》、盗森《ぬすともり》』より 宮沢賢治

解答・解説… 別冊8ページ

1 次の――線部a・bを、省略されている主語を補って書き直しなさい。

「山田君はまだ来ていないのですか。」

「a三時に来るよう伝えておいたのに。」

「bじきに来ますよ。」

a［　　　］
b［　　　］

2 次の――線部a・bを、省略されている述語を補って書き直しなさい。

「ホームランを打ったよ。」

「aだれが?」

「b中村選手が。」

a［　　　］
b［　　　］

3 次の――線部a・bを、省略されている主語と述語の両方を補って書き直しなさい。

「aとうとう買っちゃった。」

「b何を?」

「エレキギター。」

a［　　　］
b［　　　］

4 次のaとbが同じ意味を表すように、あえて［　　］に主語を補うとしたら、どのような言葉が適切ですか。あとの**ア**～**エ**から選び、記号で答えなさい。

a かつてお化けは本当にいるものだと信じられていた。
b かつて［　　］お化けは本当にいるものだと信じていた。

ア 私は　**イ** お化けは
ウ 人々は　**エ** それは

［　　］

5

次の——線部の省略された主語をすべて補って書きなさい。

(1) 今日、私は駅前で校長先生をお見かけした。「こんにちは」と声をおかけすると、「こんにちは」とほほえんでくださった。

[　　　　]

(2) 今日、母のお友達が家に訪ねていらっしゃったらしい。お土産に手作りの野菜をお渡ししたところ、喜んで受け取られたそうだ。

[　　　　]

6

次の文章の【　】に省略されている主語をそれぞれ補って書きなさい。

昨夜から降り続く雨の音に私は目をさました。この具合だと、【　　　】当分やみそうにない。【　　　】視線を窓の外に向けると、もやもやとかすみのかかったような暗い風景の中に木々がうっすらと見える。もう十一月だから、【　　　】すっかり紅葉している。それだけでもじゅうぶんに美しいが、【　　　】しとしとと降り続ける雨の中に立っているさまは、まるで一幅の美しい日本画のようで、【　　　】思わず嘆息をもらさずにはいられなかった。

7

次の文章中の——線部**ア**〜**カ**の言葉のうち、省略することのできないものを二つ選び、記号で答えなさい。

「ア ぼくは イ 誕生日プレゼントを ウ もらったよ。」

「エ だれから オ 誕生日プレゼントをもらったの？」

「友だちからもらった。」

「で、カ プレゼントは何だったの？」

「鉛筆とノートだった。」

[　　・　　]

8

次の会話文を成立させるには、どこまで言葉を省略できますか。(例)にならって省略できる言葉を——で消しなさい。

(例)


「電話に出たのはだれですか？」

「~~電話に出たのは~~弟です。」


「やあ、田中君。ついさっき、ぼくは君のお母さんを見かけたよ。」

「君はどこでぼくのお母さんを見かけたの？」

「ぼくは駅前のスーパーで君のお母さんを見かけたんだ。」

「お母さんは何か言ってた？」

「特に何も言ってなかったよ。」

STEP05 文末で意味を決定する

その太刀《たち》打ちがどうなったかは、申し上げるまでもありますまい。

『藪の中』より　芥川龍之介

解答・解説…別冊10ページ

1 次のA・Bがほぼ同じ意味を表すように、【　】にあてはまる言葉を書きなさい。

(1) A 私は彼が嫌いではない。
B 私は彼が好きでない【　　】。

(2) A 彼しかその問題を解けないのだろうか。
B 彼だけがその問題を【　　】。

(3) A 明日は雨が降ると思う。
B 明日は雨が降らないとは【　　】。

(4) A 母は僕に甘い菓子を食べさせてくれなかった。
B 僕は母に甘い菓子を【　　】。

(5) A 不都合が生じるかもしれない。
B 不都合が生じない【　　】。

2 次の各文の——線部の言い換えとして適切なものをあとの**ア**～**エ**から選び、記号で答えなさい。

(1) 当日は雨が降ると考えられなくもない。
ア 降るとは考えられない
イ 降らないかもしれない
ウ 降るにちがいない
エ 降るかもしれない
【　　】

(2) 彼のことを知らない者はいない。
ア だれもが知らない
イ だれもが知っている
ウ ある者は知っている
エ ある者は知らない
【　　】

(3) 桜が最もきれいな花ではないかもしれない。
ア 花だと言うこともできなくはない
イ 花だとは言えないこともない
ウ 花ではないと言えなくもない
エ 花ではないと言うことはできない
【　　】

3　次の［　　］にはどのような文末表現が入りますか。考えて書きなさい。

(1)

　生身の人間である以上、絶対にミスを犯さない者などいない。つまり、私が言いたいのは、あなた自身がミスを犯すことも考えられない［　　　］。

［　　　　］

(2)

　どんな小さな生き物の命も、粗末に扱ってよいはずがない。なぜなら、私は、この世に価値のない生命などある［　　　］。

［　　　　］

4　次の文と最も意味の近いものをあとの**ア**～**エ**から選び、記号で答えなさい。

　必ずしも努力が大事であるとは、言いきれないかといえば、決してそんなことはない。

ア　努力は大事である。
イ　努力が大事なこともある。
ウ　努力は大事ではない。
エ　努力が大事でないこともある。

［　　　　］

5　次の文章を読んで、あとの問いに答えなさい。

A「私は自分の意見は正しいと思う。」
B「私はAさんの意見は正しくないと思う。」
C「私はAさんの意見が正しいとは思わない。」
D「私はAさんの意見が正しくないということはないと思う。」
E「私はAさんの意見が正しいと思わなくもない。」
F「私はAさんの意見は正しくないと思わなくもない。」
G「私はAさんの意見が正しくなくはないと思わなくもない。」

(1)　Aさんの意見を肯定している人を、B～Gからすべて選んで書きなさい。
［　　　　］

(2)　Aさんの意見を否定している人を、B～Gからすべて選んで書きなさい。
［　　　　］

(3)　Aさんの意見を最も強く肯定しているのはだれですか。B～Gから選んで書きなさい。
［　　　　］

(4)　次の文がB～Gとは異なる表現で、Aさんの意見への反対の意味を表すように、［　　　］にあてはまる言葉を書きなさい。

「私はAさんの意見が正しい［　　　］。」

［　　　　］

語《ご》彙《い》力確認テスト

[三字熟語・四字熟語]

読解力を高めるには、語彙力も必要。自分の知識をここでチェックしよう。

問1

次の□にあてはまる漢字を答えなさい。

①青□才……歳が若くて、経験に乏しい人をののしっていう言葉。

②間一□……間に毛一本の余裕しかないほどの、極めて切迫している様子のたとえ。

③□後策……まずい出来事の後始末をうまく乗り切るための対策、方法。

④破天□……今まで誰《だれ》もしなかったような、思いもかけないことをすること。

⑤威□堂々……威厳があって立派な様子。

⑥□顔無恥……あつかましくて、恥知らずな様子。

⑦大言□語……実力以上のことを言い散らすこと。

⑧朝令□改……命令がしきりに改められ定まらないこと。あてにならないこと。

⑨付和□同……自分にしっかりした主義主張がなく、わけもなく他人の意見に同調すること。

⑩面従□背……表面上は服従の態度を装いながら、内心では反抗する心を抱いている様子。

問2

次の熟語の意味を選び、記号で答えなさい。

①試金石《しきんせき》［　　］
②醍醐味《だいごみ》［　　］
③未曾有《みぞう》［　　］
④理不尽《りふじん》［　　］
⑤臥薪嘗胆《がしんしょうたん》［　　］
⑥四面楚歌《しめんそか》［　　］
⑦馬耳東風《ばじとうふう》［　　］
⑧片言隻語《へんげんせきご》［　　］
⑨明鏡止水《めいきょうしすい》［　　］
⑩羊頭狗肉《ようとうくにく》［　　］

ア 道理に合わないこと。道理に合わないことを無理に押し通そうとすること。
イ ほんのちょっとした短い言葉。
ウ 物事をなしとげるため、大変な苦心、苦労をすること。
エ 物の値打ちや人の実力などを判定する目安となる材料や機会のたとえ。
オ 周りを敵に囲まれ、全く味方の助けのない状態のたとえ。
カ かつて一度もなかった大きなこと。
キ 人の意見や批評を心に留めず、聞き流すこと。
ク 深い味わい。本当の楽しさ。
ケ 見かけと実質が一致しないこと。
コ 邪念がなく静かに澄んだ心境のたとえ。

解答

問1
①二　②髪　③善　④荒　⑤風　⑥厚　⑦壮　⑧暮　⑨雷　⑩腹

問2
①エ　②ク　③カ　④ア　⑤ウ　⑥オ　⑦キ　⑧イ　⑨コ　⑩ケ

STEP 1

文章の文法を理解する

STEP 1の内容は、『中学総合的研究　国語』の
「第1章 日本語のきまりを知る」と一部リンクしています。
本書と合わせて学習すると、より効果的に知識の定着がはかれます。

STEP1 要点解説

文章の文法を理解する

単語が連なって文節に、文節が連なって文になっていくときに、一定の文法があるのと同様に、文が連なって文章ができあがっていくときにも、文法がある。この文法を理解して、読解に役立てよう。

1 文と文との関係・段落と段落との関係

1 文と文との関係

文と文とが接続する場合、その接続のしかたには次のような型がある。ここで示した*記号も利用して、読解に役立てよう。

① **順接型・展開型** ↓
- 前文の事柄《ことがら》が原因・理由となり、その順当な結果が後続の文にくるような場合。

【例】朝から雨が降り続いている。今日の大会は中止だ。
- 前文の事柄を受けて、後続の文で順当な内容に発展・展開する場合。

【例】母の子どものときの写真を見た。とても可愛かった。

② **逆接型** ↩
- 前文の事柄から、当然、類推される結果とは逆の結果が後続の文にくるような場合。

【例】三月も末になった。母の郷里の福島はまだ風が冷たいという。

③ **並列（並立）型** ＋
- 二つ以上の事柄を、文と文との形で、並べて述べる場合。

【例】一般受付はこちらです。会社関係の方はあちらが受付です。

④ **添加（累加《るいか》）型** ＋
- 前文の事柄に、後続の文の事柄を付け加える場合。

【例】数学は苦手だ。英語もそんなに得意ではない。

⑤ **対比型** ↕
- 前文の事柄と、後続の文の事柄とを比較・対比する場合。

【例】彼女はルビーが美しいと言う。僕はエメラルドの方が好きだ。

⑥ **選択型** ⇕
- 前文の事柄と、後続の文の事柄の、どちらか一方を選択する場合。

【例】チーズケーキにしますか。モンブランにしますか。

⑦ **補足（説明）型** ↑
- 前文の事柄の原因・理由などを後続の文が補足・説明する場合。

【例】僕はどうしても医者になりたい。母の病気を治したいからだ。

⑧ **同格（言い換え・例示）型** ＝
- 前文の事柄について、後続の文で、別の言い方で繰り返したり、例を挙げて述べたりする場合。

【例】とてもよい匂《にお》いがする。どこか懐かしい感じのする匂いだ。

⑨ **転換型** ←
- 前文の事柄とは、別の話題に話を変える場合。

【例】そんなに慌てるなよ。まあ、コーヒーでもどうだ。

＊ここで扱った接続記号は、永野賢『文章論総説』（朝倉書店）をもとに改変した。

2 三文以上の関係

a この歌の歌詞はとても胸を打つ。
b メロディーも切ないバラードで、涙がこぼれそうになる。
c きっと、今年一番のラブソングになるだろう。

このような文では、**a**文と**b**文が、添加（累加）の関係で繋《つな》がり、その二つの内容を理由として、**c**文に展開していることがわかる。図示すると、

a＋**b** →**c** のようになるだろう。

このように複数の文を一まとまりにして、関係を眺めることもできる。

3 段落と段落との関係

さらに大きな単位で考えると、段落と段落との関係も、右頁の①～⑨の九つの型に分類することもできる。

4 文と文・段落と段落との橋渡し

接続語・指示語等は、文と文・段落と段落との橋渡しをする。

接続語…右頁で示した九つの型の接続のしかたを示す接続語がある。

[例] 僕は医者になりたい。なぜなら、母の病気を治したいからだ。

指示語…指示語も接続語と同様の役割を持つ場合がある。

[例] 僕は医者になりたい。それは、母の病気を治したいからだ。

2 統括（まとめ）のしかた・キーセンテンス

1 統括のしかた

①**冒頭統括**……文章の冒頭で、おおまかなまとめを述べ、さらに末尾で結論を述べるような文章のまとめ方。

②**中間統括**……文章の中間で、まとめを述べ、その後に補足や説明を加えているような文章のまとめ方。

③**末尾統括**……文章の最後で、それまでに述べてきたことについてのまとめを述べるような文章のまとめ方。

●統括の後に発展する形

右の②や③の一種だが、文章の最後の少し手前で、それまでに述べてきたことについてのまとめを述べたうえで、文章の末尾では、余韻を残したり、別の問題へと発展させたりしているような文章の形も非常に多い。

2 キーセンテンス・「のである」文

書き手に強い統括の意識が働くと、文の末尾が自然と「～のである」の形になることが多い。従って、この「のである」に着目することは、文章の要旨や流れをつかむ大きな手助けになる。「のである」同様に、強い「統括」の意識を表す文末には、「のだ」「のだろう」「のであろう」「のではない」「のではないか」などもある。特に『すなわち（つまり・要するに）』～『のである』の形は最重要のキーセンテンスを作るので、必ずチェックしながら読んでいこう。

STEP1 1

指示語・接続語の使いこなし

特に対応できる設問形式

- 指示語問題
- 接続語問題
- 構成問題
- 空欄補充問題
- 理由説明問題
- 心情問題
- 主題問題
- 要旨問題

解答・解説…別冊12ページ

1

指示語（こそあど言葉）をまとめた次の表のa～iにあてはまる言葉を書き、表を完成させなさい。

	こ(近称)	そ(中称)	あ(遠称)	ど(不定称)
事物	a	それ	b	どれ
場所	ここ	そこ	c	どこ
方角	d	そちら	あちら	どちら
	こっち	e	あっち	どっち
性質 状態	こう	そう	f	g
	こんな	そんな	あんな	h
指定	この	i	あの	どの

2

(例)にならって、次の各文を指示語を使って二つの文で書きなさい。

(例) 弟が笑ったのを見て、ぼくも笑った。

⬇弟が笑った。それを見てぼくも笑った。

(1) 夜空に美しい星がきらめいているのを見ると、心が澄みわたる気がする。

［　　　　］

(2) 日本人ならだれもが教育を受ける権利を持っていることは、日本国憲法によって保障されている。

［　　　　］

(3) 発明家エジソンは日課として最低三冊の本を読んでいたということを知って、ぼくも読書の習慣をつけようと思うようになった。

［　　　　］

3

(例)にならって、次の二つの文を、指示語を使わずに、一つの文にまとめて書きなさい。

(例) 弟が笑った。それを見てぼくも笑った。
➡弟が笑ったのを見て、ぼくも笑った。

(1) すべての人間は法の下において平等である。これを、私たちは肝に銘じておかねばならない。

〔　　〕

(2) 世界各地でなぞの飛行物体が目撃されている。人々はそれをUFOと呼んでいる。

〔　　〕

(3) オーストラリアにコアラという動物が生息している。その名は原住民の言葉で「水を飲まない」という意味を表すそうだ。

〔　　〕

4

次の――線部の指示語が指している内容を書きなさい。

(1)

今回の駅伝優勝は、A君の活躍が大きかった。聞けば、監督の判断で、前日に選手を変更して、A君の出場となったそうだ。そこが勝負の分かれ目だったと言えよう。

〔　　〕

(2)

かつて、科学技術の進歩はすばらしい未来を約束するものだと信じられていた。だが、科学技術のもたらす様々な弊害が表面化することによって、その考えが必ずしも正しくはないということに、多くの人々が気づくようになった。

〔　　〕

(3)

みなさん、聞いてください。私はみなさんに、これだけはいいたい。何があっても、人に対する思いやりの心だけは忘れてはならないと。

〔　　〕

5

次の接続語は、どのような関係で前後をつなぎますか。それぞれあとのア～キから選び、記号で答えなさい。

(1) しかし〔　　〕　(2) したがって〔　　〕
(3) もしくは〔　　〕　(4) さて〔　　〕
(5) そのうえ〔　　〕　(6) たとえば〔　　〕
(7) また〔　　〕

ア 順接　イ 逆接　ウ 並列(並立)　エ 添加(累加)
オ 選択　カ 同格(言い換え・例示)　キ 転換

6 次の［　　］にあてはまる接続語をあとの□から選んで書きなさい。

(1) 雨が降った。［　　］だれも傘を差していない。
(2) 雨が降った。［　　］すべらないように注意した。
(3) 雨が降った。［　　］今日も天気予報は外れたというわけだ。
(4) 雨が降った。［　　］風まで吹き始めた。
(5) 雨は降っているか。［　　］もう、やんだか。
(6) 雨が降った。［　　］川の水位は大丈夫だろうか。

ところで　だから　だが　それとも　つまり　しかも

7 次の文章がうまくつながるように、［ a ］～［ c ］にあてはまる言葉を考えて書きなさい。

友人の姿が見えないことに気づいた。彼は教室にいるのだろうか。それとも、図書室に［ a ］。そこで、まず、［ b ］。しかし、［ c ］。さらに、図書室に行ってみた。すると彼はそこにいた。

a［　　］
b［　　］
c［　　］

8 次の［　　］にあてはまるものをあとの**ア**～**オ**から選び、記号で答えなさい。

(1) 寒くなってきた。しかし、［　　］。
(2) 寒くなってきた。だから、［　　］。
(3) 寒くなってきた。つまり、［　　］。
(4) 寒くなってきた。しかも、［　　］。
(5) 寒くなってきた。ところで、［　　］。

ア おでんのおいしい季節になったということだ
イ 暖房をつけるほどではないようだ
ウ 風邪を引かないようにじゅうぶん注意しよう
エ 天気予報によると雪まで降り出すという話だった
オ 今夜のおかずは何だろう

9 次の（　）にあてはまる言葉を考えて書きなさい。

(1) 明日は休日だ。しかし、（　）。
［　　］
(2) 私は音楽に興味がある。たとえば、（　）。
［　　］
(3) 日本は資源の少ない国だ。だから、（　）。
［　　］

10

次のア〜エの文を、文章として意味がつながるように並べなさい。

ア また、風も穏やかだ。
イ だから、散歩に出かけることにした。
ウ 外は寒い。
エ だが、日は差している。

［　　］→［　　］→［　　］→［　　］

11

次の文章がうまくつながるように、［　　］にあてはまるものをあとの**ア**〜**エ**から選び、記号で答えなさい。

> かつて日本人は創造性に欠けた民族だと言われたことがあった。自動車やカメラを作るのはうまいが、文化・芸術の分野では、世界に通用しないというのである。
> しかし、［　　］。そして、［　　］。つまり、［　　］。したがって、［　　］。

ア 現在も、日本製のアニメやマンガは欧米やアジア諸国に輸出され、大衆文化に影響を与えている
イ 十九世紀、日本の浮世絵が欧州の芸術家に大きな影響を与え、ジャポニズムと呼ばれる潮流を生んだことがあった
ウ 日本人が創造性に欠けているという考えは誤りだと言える
エ 日本発の文化は過去も現在も、世界中で受け入れられているのである

12

次の文章を読んで、あとの各問いに答えなさい。

> さて、歴史的な大都市といえば、帝国のような巨大な国家の政治の中心であるか、ごくまれに交易上の中心地であった。しかしそのような都市はいくつもなかった。□、たとい一〇〇万人を越える都市があったとしても、それは一時的なことに過ぎなかっただろう。［ a ］世界中どこでも一〇万人以上の人口をもつ都市はまれであった。［ b ］都市に住む人たちはどこでも、全人口のうちの例外的な人たちだったのである。［ c ］
> （藤田弘夫「都市の論理」〈中央公論新社〉より）

(1) □にあてはまる言葉として最も適切なものを選び、記号で答えなさい。
ア だから　**イ** また　**ウ** しかし　**エ** ところで　［　　］

(2) ――線部はどのようなことを指していますか。文章中の言葉を使って書きなさい。
［　　］

(3) 次の一文は文章中の［ a ］〜［ c ］のどの部分にあったものですか。記号で答えなさい。

> また、全人口に占める都市人口の比率も、西アジアなどの乾燥地帯を除いて低かった。

［　　］

STEP1 2

文と文との関係

特に対応できる設問形式

- 指示語問題
- 接続語問題
- 構成問題
- 空欄補充問題
- 理由説明問題
- 心情問題
- 主題問題
- 要旨問題

解答・解説…別冊16ページ

1 次のそれぞれの二つの文はどのような関係になっていますか。下の**ア**～**ケ**から選び、記号で答えなさい。

(1) 授業開始のベルが鳴った。先生はまだ来ていない。〔　〕

(2) 失敗は成功の母である。一度や二度の失敗で断念してはならない。〔　〕

(3) 沖縄はとても暖かいらしい。北海道はまだ真冬の気候なのに。〔　〕

(4) 目的地まではバスで行きますか。電車で行きますか。〔　〕

(5) ゴールまではそう遠くない。君が思うよりはずっと近い。〔　〕

(6) 私の話はこれで終わりです。何か質問はありますか。〔　〕

(7) 彼の投げる変化球はよく曲がる。スピードも速い。〔　〕

(8) 何が美しく何が美しくないかなど、人によって違う。それらはすべて主観によるからだ。〔　〕

ア 順接・展開型（↓）前文の事柄が原因・理由となり、その順当な結果が後続の文にくるような関係。

イ 逆接型（⤴）前文の事柄から、当然、類推される結果とは逆の結果が後続の文にくるような関係。

ウ 並列（並立）型（✛）二つ以上の事柄を、文と文との形で、並べて述べる関係。

エ 添加（累加）型（＋）前文の事柄に、後続の文の事柄を付け加える関係。

オ 対比型（↕）前文の事柄と、後続の文の事柄とを比較・対比する関係。

カ 選択型（⇕）前文の事柄と、後続の文の事柄の、どちらか一方を選択する関係。

キ 補足（説明）型（↑）前文の事柄の原因・理由などを後続の文が補足・説明する関係。

ク 同格（言い換え・例示）型（‖）前文の事柄について、後続の文で、別の言い方で繰り返したり、例を挙げて述べたりする関係。

ケ 転換型（←）前文の事柄とは、別の話題に話を変える関係。

※記号については『文章論総説』永野賢〈朝倉書店〉をもとに改変した。

2

文と文との関係が同じになっているものをあとの**ア**～**オ**から選び、記号で答えなさい。

(1) 気合を入れれば試合に勝てるという人がいる。そうした精神論には限界がある。［　　］

(2) 第一試合は午前九時から始まります。第二試合は午後一時から始まります。［　　］

(3) 我々はいつ災害に見舞われるかわからない。十分な対策を立てておくことが必要だ。［　　］

(4) 哺乳《ほにゅう》動物は陸の上だけに生息しているわけではない。クジラもイルカも哺乳動物である。［　　］

(5) ガリレオ＝ガリレイは変人と言われた。彼の唱えた学説が当時の人々の理解を超えていたのである。［　　］

ア 地球も火星も太陽系の惑星である。木星もそうである。

イ 計画は中止になった。予想外のトラブルが起きたためだった。

ウ のどがカラカラだ。冷たい水が飲みたい。

エ 既に夕方の六時を過ぎていた。まだ夏の夕日は沈んではいなかった。

オ いろいろな国には国技と呼ばれるスポーツがある。日本の相撲もその一つだ。

3

次の文に〈　　〉で示された関係で文をつなぐとしたら、どのようなものがあてはまりますか。あとの**ア**～**キ**から選び、記号で答えなさい。

> 日本は水の豊富な国である。［　　］

(1) 〈順接・展開型〉↓［　　］

(2) 〈逆接型〉↩［　　］

(3) 〈補足（説明）型〉↑［　　］

(4) 〈添加（累加）型〉＋［　　］

(5) 〈同格（言い換え・例示）型〉＝［　　］

(6) 〈対比型〉↕［　　］

(7) 〈転換型〉←［　　］

ア 中東の国々のように水に恵まれない国もある。

イ 一年を通しての降雨量が多いからである。

ウ 時として水不足に悩まされることもある。

エ 水はタダで手に入るものだと思っている人が多い。

オ 水だけでなく、多くの緑にも恵まれている。

カ その水の需要量の歴史的変化について考えてみたい。

キ 至る所に川が流れ、湖や沼地が広がっている。

4

次の――線部A～Dの文は、それぞれどのような関係でつながっていますか。あとの**ア**～**オ**から選び、記号で答えなさい。

A人生は長い。Bそう思ってうかうかしていると、あっという間に過ぎてしまう。C人生は長いようでいて短いものなのだ。D過ぎた人生を悔やむことのないよう、今を精一杯生きていこう。

ア 順接・展開型↓　**イ** 逆接型↺　**ウ** 並列（並立）型✦
エ 同格（言い換え・例示）型＝　**オ** 添加（累加）型＋

AとB［　　］　BとC［　　］
CとD［　　］

5

A～Dの各文が〈　　〉に示された関係でつながるように、［　　］にあてはまる文の記号を答えなさい。

〈添加（累加）型〉　〈逆接型〉　〈補足（説明）型〉
［　］＋［　］↺［　］↑［　］

A 午後からは雪になるかもしれないという。
B 明日の天気は雨らしい。
C 試合の行える体育館の手配を急いでいるという連絡があったからだ。
D 試合は中止にはならないだろう。

6

次の文章を読んで、あとの各問いに答えなさい。

A人間の足は器用ではありませんが、手はサルよりもはるかに器用です。Bこれは、二足歩行をはじめたおかげです。C［　　］しかし、体を移動するときに手をつかわなくてもよくなったので、多くのことができるようになりました。D両手で物をもって遠くまで運んだり、石を遠くまで投げたり、ひもを結びあわせるのは、人間だけがとくにじょうずです。

（大塚柳太郎「地球に生きる人間―その歩みと現在―」〈小峰書店〉より）

(1) ――線部AとB、CとDは、それぞれどのような関係になっていますか。最も適切なものを選び、記号で答えなさい。

ア 順接・展開型↓　**イ** 並列（並立）型✦
ウ 補足（説明）型↑　**エ** 同格（言い換え・例示）型＝

AとB［　　］　CとD［　　］

(2) 文章中の［　　］にあてはまる文として、最も適切なものを選び、記号で答えなさい。

ア 二足歩行をおこなうことによって、手がとても器用になったのです。
イ 足を地面にしっかりとつけるため、物をつかむのはへたになりました。
ウ 手が器用になったおかげで、足をしっかりと地面につけられるようになりました。
エ 足を地面につけて歩くようになったので、手が器用になりました。

［　　］

7

次の(1)のa～d、(2)のe～iのそれぞれの文章の展開のしかたと同じものをそれぞれあとの**ア**～**エ**から選び、記号で答えなさい。

(1)

[a]近い将来、エネルギー問題は深刻化するだろう。[b]地球上の天然資源には限りがあるからだ。[c]そうならないためには、私たちはできるかぎりエネルギーの無駄をなくし、残された資源を有効に使わなくてはならない。[d]石油や石炭に代わる新しいエネルギーの開発を急ぐ必要もあるだろう。

ア [a]私は少し気が重い。[b]明日は学校で数学の試験があるのだ。[c]今夜は遅くまで勉強することになるだろう。[d]くれぐれも寝不足にならないように注意しなくてはならない。

イ [a]自転車にはだれもが気軽に乗ることができる。[b]自転車はとても便利な乗り物だ。[c]反面、自転車にかかわる問題も増えてきている。[d]駅前の放置自転車などはその一例だ。

ウ [a]スイミングスクールに通うことにした。[b]水泳が苦手だからである。[c]私はクロールも背泳ぎもまともにできたことがない。[d]ましてやバタフライなどはいうまでもないだろう。

エ [a]緑茶は健康にいいらしい。[b]カテキンという体によい成分が含まれているからだという。[c]最近では多くの人が健康のために飲んでいる。[d]ダイエット飲料として飲む人もいるそうだ。

［　　］

(2)

[e]私たちの住む日本はとても平和な国である。[f]過去の日本には、そうではない時期があった。[g]今も、世界ではいたるところで争いが起きている。[h]平和とはけっして当たり前のことではないのである。[i]私たちは平和というものを、もっと大切に思うべきだろう。

ア [e]天気予報によると今日は朝から晴れて気温も高いという予報だった。[f]実際は朝から雨が降っている。[g]気温も高くならない。[h]このように天気予報は必ず当たるというものではない。[i]天気予報をあまり当てにしすぎるのも考えものだろう。

イ [e]かつて第一の人気スポーツといえば野球だった。[f]最近、その人気にかげりが見えてきているそうだ。[g]テレビの視聴率も低下傾向にあるという。[h]人気選手の海外流出が原因なのだろうか。[i]野球以外のスポーツが盛んになったせいだろうか。

ウ [e]人との競争に勝つことは大事かも知れない。[f]ただそれ以外にも大事なことはあるはずである。[g]たとえば自分らしい生き方をする。[h]人に対して思いやりの心をもつ。[i]こうしたことも生きていくうえでの価値として大切なことではないだろうか。

エ [e]インターネットは便利なものだ。[f]そこではだれもが自由に情報を発信したり受信したりすることができる。[g]とはいえ万能なものだともいえない。[h]だれもが情報を発信できる分、不確かな情報も多い。[i]正しい情報を見分ける力が必要とされるのだ。

［　　］

STEP 1 3

段落と段落との関係

特に対応できる設問形式

指示語問題
接続語問題
構成問題
空欄補充問題
理由説明問題
心情問題
主題問題
要旨問題

解答・解説…別冊20ページ

1 次の文章の二つの段落は、どのような関係になっていますか。あとの**ア**～**エ**から選び、記号で答えなさい。

　最近よく若者の言葉遣いが乱れていると言われる。その例として挙げられるのが、いわゆる「らぬき言葉」だ。

　実際のところ、それをもって、言葉遣いの乱れととるかどうかは議論の分かれるところである。言葉というものは時代とともに変化するものであり、「らぬき言葉」も、そうした変化の一つととらえることもできるのである。

ア　前の段落の内容が原因・理由となり、その順当な結果があとの段落の内容になっている関係。〈順接型・展開型〉
イ　前の段落の内容から、当然、類推される結果とは逆の結果があとの段落にくるような関係。〈逆接型〉
ウ　前の段落の内容の原因・理由などを、あとの段落の内容が補足・説明する関係。〈補足（説明）型〉
エ　前の段落の内容に、あとの段落の内容を付け加える関係。〈添加（累加《るいか》）型〉

［　　］

2 次の文章の［ a ］～［ c ］には、どのような接続語があてはまりますか。最も適切なものをあとの**ア**～**カ**から選び、記号で答えなさい。

　学校は学問を身につけるための場所である。
［ a ］、単に学問を身につけるだけの場所でないことも確かである。
［ b ］、友人との集団生活を通して、他者との付き合いかたや、集団でのルールといったものを学んでいくのも学校である。
［ c ］、学校とは、人がいつか社会に出て、その一員として生きていくために必要とされるさまざまなことを学び、訓練する場所なのである。

ア　しかし　　**イ**　あるいは
ウ　また　　**エ**　そのうえ
オ　要するに　　**カ**　たとえば

a［　　］　b［　　］　c［　　］

3

次の段落はA～Dのどの段落のあとに入りますか。直前の段落記号を答えなさい。

　こうなると、正しい意味で使った場合のほうが、かえって多くの誤解を生んでしまう、というような事態も起きてしまいそうだ。

A　私たちが普段使っている言葉の中には、知らず知らずのうちに本来の意味を取り違えてしまっているものがある。

B　たとえば、「姑息《こそく》」という言葉がある。これは本来、「その場しのぎの」「間に合わせの」という意味を表すが、最近の調査によると、約七割もの人が、「ひきょうな」「ずるい」などの意味で使っていることがわかった。

C　なんと、間違った意味で使っている人のほうが多かったのである。

D　言葉の正しい意味とは、大多数の人がどのような意味でそれを使うかによって、決まるものである。このまま間違った意味で使う人が増えれば、もともと間違っていたほうの意味が、〝正しい意味〟ということになってしまうかもしれない。

［　　　］段落

4

次のA～Eの文章の接続のしかた・段落の組み立てを［　］内の記号を使って図示するとどうなりますか。最も適切なものをあとの**ア**～**エ**から選び、記号で答えなさい。

・順接型・展開型↓　・逆接型↩　・並列（並立）型◆
・添加（累加）型＋　・対比型↕　・選択型⇕
・補足（説明）型↑　・同格（言い換え・例示）型＝
・転換型←

A　スポーツにはさまざまな楽しみ方がある。

B　たとえば、スポーツを見る楽しみがある。テレビやスタジアムで試合を観戦するといった楽しみ方だ。

C　また、スポーツを行う側として、自分自身がプレーをするという楽しみ方もある。

D　さらに、自分でプレーをする場合、本格的な競技として取り組むこともできれば、それを余暇として気軽に楽しむこともできる。

E　このようにスポーツの楽しみ方は一つに限定されない。人によってさまざまな形でかかわり合うことができるのがスポーツのよいところである。

ア　A＝［B◆［C＋D］］＝E

イ　A↓［［B＝C］＋D］＋E

ウ　A＝［B↕［C↕D］］＝E

エ　A＝［B＋［C＝D］］↓E

［　　　］

5 次のA～Dの四つの段落が、［　］で示した展開になるように並べ替えなさい。

(1)

導入 ⬇ 例示 ⬇ 逆接 ⬇ 補足(説明)

A　人の脳のしくみひとつとっても、まだまだわかっていないことは多い。

B　この世には現在の科学では解明することのできないことが数多く存在する。

C　むやみに科学を軽視すれば、物事を合理的に、筋道立てて考えることを否定する態度につながるからである。

D　だからといって、科学など当てにならないと軽視してよいものだろうか。私はそれは危険なことだと思う。

［　　］⬇［　　］⬇［　　］⬇［　　］

(2)

導入 ⬇ 逆接 ⬇ 対比 ⬇ 順接

A　その反面、共通語は土地ごとの風土や生活に密着した事柄を、きめ細かく表現するのにはあまり向いていない。

B　こうした点から、私は方言のよさを再認識する必要があるのではないかと思うのである。

C　共通語は日本全国どこに行っても通用する便利な言葉だ。

D　その点、方言は人々の生活と密着して使われてきた言葉である。方言には、その土地ならではの人々の暮らしや情感、風土をきめ細かく表現する言葉がたくさんある。

［　　］⬇［　　］⬇［　　］⬇［　　］

6 次のA～Dの段落を、意味の通る文章になるように並べ替えなさい。

(1)

A　こうしたわけで、クモは自分の作った巣にひっかかることがないのである。

B　実はクモは巣を作るとき、ねばねばした糸と、そうでない糸を使い分けている。クモはどの糸が安全で、どの糸がそうでないのかがわかっているのだ。

C　チョウやガなどの昆虫が、クモの巣にかかっている光景はよく目にするが、クモ自身が巣にひっかかっているところはまず目にしない。これはなぜだろう。

D　さらにクモの足からは、油のようなものがしみ出ていて、足が糸につくのを防いでいる。

［　　］⬇［　　］⬇［　　］⬇［　　］

(2)

A　社会の多くの人がそれを不快に感じる以上、車内での飲食は決して好ましい行為ではないと考えるべきである。

B　その一方で、人に迷惑をかけなければ何をやってもいいではないかという意見もある。確かに車内でものを食べるという行為は、人に直接危害を加えることではない。

C　しかし、人に不快な思いをさせるということは、それだけでじゅうぶん迷惑な行為なのである。

D　最近、車内でものを食べている人をよく見かける。多くの人はそのような行為を不快に思い、好ましくないことと考えているようだ。

［　　］⬇［　　］⬇［　　］⬇［　　］

7 あとの(1)・(2)はどの段落の役割を説明したものですか。段落記号で答えなさい。

A「人はパンのみにて生きるにあらず」と言います。食べ物や水は確かに生命を維持するためにどうしても必要なものですが、その他にも生きるために必要なことがある。ひらめきがなくては、私たち人間はうまく生きることができないのです。いわば、ひらめきとは、心臓にとっての鼓動と同じように、脳のはたらきに不可欠なものなのです。

B それでは、ひらめきや創造性は、人間が生きる上で必要だということがなぜ言えるのでしょうか。

C 端的に言えば、「直面する不確実性にうまく対処するため」です。

D ひらめきがあってこそ、私たちは、何が起こるかわからない不確実性にみちた環境の中でうまく生き延びることができます。仕事や学業において、今までの方法ではうまくいかず、エネルギーの膨大な無駄ばかりが生じてしまう時、たった一つのひらめきが新しい道を開いてくれます。

（茂木健一郎「ひらめき脳」〈新潮社〉より）

(1) 前の段落で書かれている内容を受けて、新たな問題へと展開させている。　［　　］段落

(2) 前の段落で書かれている内容を、より詳しく具体的に説明している。　［　　］段落

8 次の文章の段落の組み立てを図示したものとして、最も適切なものをあとの**ア**～**エ**から選び、記号で答えなさい。（接続記号については、本冊22ページの要点解説を参照すること）

A 中国は東洋の国ですが、西洋の国々と同じように、いすとテーブルとベッドの文化をもっています。彼《かれ》らもやはり、はきものをはいたまま家に入るからです。貧《まず》しい人々の家はことに、床《ゆか》が板張《いたば》りになっていない土間なので、ベッドなしではくらせません。

B そこへ行くと、日本人の住まいはさっぱりしたものです。床《ゆか》を有効《ゆうこう》に使うことができるからです。昔は座敷《ざしき》に座卓《ざたく》さえなく、みごとなほどモノがありませんでした。

C これを、貧《まず》しさのせいということはできません。城の大広間や大家《たいけ》の客間など、身分の高い家の、格式《かくしき》の高い部屋ほど、モノは何も置いてありませんでした。

D 美術品《びじゅつひん》をたくさんもっている人でも、一点か二点、蔵《くら》から出してきて、床《とこ》の間にかざるだけでした。ふすまは動く壁《かべ》のようなもので、そこに直接《ちょくせつ》絵《え》を描《えが》いたので、西洋のように、額《がく》入りの絵で壁《かべ》をかざることもしませんでした。昔の日本人の美意識《びいしき》は、何もない部屋のすがすがしさを、好ましいものと感じていたのです。

（河津千代「知っていますか　日本の自然と木の文化」〈リブリオ出版〉より）

ア A＝B→［C＝D］
イ A⇔［B→C←D］
ウ A↔B←［C＝D］
エ A↩［B→C←D］

［　　］

STEP 1 4

文のまとめ方の法則

特に対応できる設問形式

指示語問題
接続語問題
構成問題
空欄補充問題
理由説明問題
心情問題
主題問題
要旨問題

解答・解説…別冊24ページ

1 次のAの文はBの文と比べ、どのような違いがありますか。それを説明したあとの文の［　　］にあてはまる言葉を書きなさい。

A「学問とスポーツを両立させることは大事なのである。」
B「学問とスポーツを両立させることは大事である。」

Aの文は文末が［　　　　］の表現になっているため、Bの文と比べ、意味が［　　　　］されている。

2 次の文章のA～Fの文のうち、文末を「～のである」の形にするとしたら、どの文がふさわしいですか。記号で答えなさい。

A 最近朝食の重要性がよく言われるようになった。B 朝食をとらないと、生活のリズムが整わない。C また、朝食をとることで、脳が目覚めて思考力が増すという。D すなわち朝食は、生活していくうえでとても大切なものだ。E しかし、近年の中高生は朝食をとらない生徒が増えている。F ぜひ朝食の重要性を再確認して生活リズムを改善してほしいと思う。

［　　　　］

3 次のそれぞれの文章で、全体を統括しているのはどの文ですか。その文の初めの五字を書きなさい。

(1)

読書は素晴らしいものである。私たちは読書を通じて多くの知識を得ることができる。そればかりではない。過去や現在の様々な人たちの考えに直接触れることで、自分自身の生き方や考え方を深めるきっかけともなる。

［　　　　　］

(2)

ピカソの絵は独創的なことで知られる。あの奇抜な作品の数々は、まさに天才にしか生み出せないものに思える。しかし、そのピカソも、若いころは古典の作品を模写し、基礎的な技術を徹底してみがいていたそうだ。絵画に限らず、独創的・革新的と言われる傑作の多くは、実はしっかりとした基礎の上に花開くものなのである。

［　　　　　］

4 次のそれぞれの文章の統括のしかたの型として最も適切なものをあとの**ア**〜**エ**から選び、記号で答えなさい。

(1)

鳥の骨は中が空洞になっていて、とても軽い。また、それらは網の目のように組み合わさることで、じゅうぶんな丈夫さをもっている。

このように骨格を軽く丈夫にすることで、鳥の体は空を飛ぶのに非常に適したものとなっているのである。

(2)

とかくムードに流されやすいのが日本人の特徴である。ひとたび何か大きな事件があると、新聞、テレビを始めとして日本中が大騒ぎをする。

ところが、せいぜい数か月もすれば、何事もなかったように皆けろりと忘れてしまう。

要するに、日本人は熱しやすくて冷めやすいのである。

(3)

毎日、散歩をしていると「あれっ」と思うことに出会う。都会ではあまり見かけない珍しい鳥や昆虫を見かける。また、普段、気にもとめないような雑草の花が実は思いのほか美しかったことにふと気づく。

毎日の散歩は新鮮な驚きで満ちている。

さて、今日はどんなことが私を待ち受けているだろうか。

(4)

動物の体にはそれぞれの体内時計というものがある。たとえば、ねずみの体は昼間寝て夜間に行動するように体内時計が設定されている。逆に、人間の体は夜間に寝て昼間行動するようになっている。

つまり、夜寝て昼間行動するのは、人間の本能なのである。

しかし、最近ではやたらと夜ふかしをしたり、昼と夜が逆転してしまったような生活を送ったりする人が増えてきた。

子どもたちですらその例外ではないようである。

ア 文章の冒頭で、おおまかなまとめを述べ、さらに末尾で結論を述べている。**（冒頭統括）**

イ 文章の中間で、まとめを述べ、最後にそれについての補足や説明を付け加えている。**（中間統括）**

ウ 文章の最後で、それまでに述べてきたことについてのまとめを述べている。**（末尾統括）**

エ 文章の最後で、余韻を残したり別の問題へと発展させたりしている。

(1)［　　］ (2)［　　］
(3)［　　］ (4)［　　］

5 次の文章を序論・本論・結論の三つの段落に分けるとすると、どこで分けるのが適切ですか。本論と結論にあたる段落の初めの五字を書きなさい。

ある種の昆虫は進化の過程で擬態という特殊な能力を身につけてきた。たとえばバッタやナナフシは自分の体を、植物の枝や地面などに似せることで、捕食者から発見されにくくしている。また、カマキリは周囲の環境に自分の姿をとけ込ませることで、えさとなる昆虫に自分の存在を気づかれないようにする。このように虫たちは、周囲の環境に合わせて自分たちの体を進化させることで、種の保存を図ってきたのである。

本論 [ ]

結論 [ ]

6 次のA〜Dの文を、起承転結の展開になるように並べ替えなさい。

A しかし、私はしみじみとした情感のある秋の景色の方が好きだ。
B 先日、F山に秋の景色を見に行った。
C 山の木々が赤々と色づいていくさまは、息をのむほど美しい。
D 三月に見た桜の咲くF山の様子も華やかで美しかった。

起【　】➡承【　】➡転【　】➡結【　】

7 次の文章のまとめの文として最も適切なものをあとの**ア**〜**エ**から選び、記号で答えなさい。また、その文が入る位置を（a）〜（e）から選び、記号で答えなさい。

（a）テレビの映像は一切の説明なしにありのままの現実を伝えることができる。そこが新聞などの活字メディアと違うところだろう。（b）

しかし、テレビにも、メディアとしての限界はある。（c）たとえば、外国のある観光名所の外観をありのままに映すことはできるが、その背後にある現地の空気や雰囲気までを正確に伝えることはできない。さらに、そうした点を利用して、意図的にある部分だけを切り取って映し出すことで、視聴者に偏った印象を植え付けるといったことも可能である。（d）

もちろん、だからといって、すべての映像をうそだと疑ってかかることはない。（e）

ア 要するに、テレビの伝える情報は、すべて信用に足るものではないということを、肝に銘じておくべきなのである。

イ しかし、テレビの伝える情報が必ずしも真実のすべてではないということは、肝に銘じておくべきではないだろうか。

ウ テレビの伝える情報は、新聞や雑誌などの活字メディアに比べ、はるかに信用に足るものだと言えそうである。

エ このように、テレビとは情報をありのままにすばやく伝えることのできるメディアだと言うことができるのである。

まとめの文【　】　位置【　】

STEP 0 日本語の特色
STEP 1 文章の文法
STEP 2 公立高校入試問題
STEP 3 難関高校入試問題

8 次の一文がまとめの文として文章の最後にくるように、A～Cの段落を並べ替えなさい。

したがって、「折り紙付きの悪党」のように、悪い意味でこの言葉を使うのは正しい言い方とはいえないのである。

A 「折り紙付き」の「折り紙」とは、美術品などに付ける鑑定書を意味する言葉である。

B 先日、だれかが「彼は折り紙付きの悪党だ。」と言うのを耳にした。これは、「折り紙付き」という言葉の使い方として正しいのだろうか？

C つまり、この言葉は本来、「折り紙付きの絶品料理」のように、よい意味で使う言葉である。

［　　］➡［　　］➡［　　］

9 次の文章のまとめの文になるように、［　　］に合う言葉を考えて書きなさい。

環境問題は政府や企業だけが取り組むべき問題ではない。たとえば、ここ最近、工場からの廃水の汚れはかなり減ってきている一方、家庭からの廃水の汚れはあまり減っていない。このことは、私たち個人の意識が変わらない限り、環境問題の解決にはつながらないことを示している。

つまり［　　］。

［　　］

10 次の文章を読んで、あとの問いに答えなさい。

暗記とはなにか？　暗記とは、身体にとって「無意味な忍耐」なのである。

暗記するのは脳である。脳の方は、それを暗記することに「意味がある」と思って暗記をする。しかし、暗記とは、一時的に思考を停止して、「暗記」という忍耐を脳が受け入れることなのである。私はそのように解釈する。

脳の方では、その苦痛＝暗記に「意味がある」と思う。しかし、脳以外の身体にとって、それは「無意味なこと」である。思考停止になっている暗記の間、身体は放ったらかしにされる。放ったらかしにされた身体は、「またなんかつまんないことを、脳はやってやがんな」と思う。そして、「つまんねー」というようなサボタージュ※信号を脳に送ってしまう。だからこそ、暗記は退屈でつまらない。すぐに飽きるのである――そう思うのが正しい身体のあり方で、暗記を苦痛としない、促成ノウハウが好きな人は、自分の身体性に無関心な人なのである。

（橋本治『「わからない」という方法』〈集英社〉より）

※怠けること。

(1) この文章のまとめの文を抜き出しなさい。

［　　］

(2) この文章の統括のしかたを**ア**～**ウ**から選び、記号で答えなさい。

ア 冒頭統括　**イ** 中間統括　**ウ** 末尾統括

［　　］

STEP1 5

キーセンテンスの見つけ方―文章の要約

特に対応できる設問形式

指示語問題
接続語問題
構成問題
空欄補充問題
理由説明問題
心情問題
主題問題
要旨問題

解答・解説…別冊28ページ

1

次の文章から、問題提起をしている文と、それに対する結論が書かれている文の初めの五字をそれぞれ抜き出しなさい。

現代の若者は漢字に対してどのような意識をもっているのだろうか。十代を対象にしたあるアンケート調査によると、全体の六〇パーセント近くの若者が、漢字は日本語の表記に欠くことのできないものだと考えていることがわかった。また約四十八パーセントの人が漢字学習はしっかりやるべきだと答えている。しかし、その一方で、約四十六パーセントもの人が、漢字の使い方に自信がないとも答えている。どうも現代の若者は、漢字の大切さを認識しながらも、それに対して苦手意識をもっているようなのである。もちろん、このアンケート結果が絶対正しいとは言い切れない。しかし、若者の漢字に対する意識の一端を知る手がかりにはなるだろう。

問題提起

結論

2

次の文章の内容を最も端的に表している一文を探し、初めの五字を書きなさい。

ものごとを考えるとき、独り言として口に出すか出さないかはともかく、頭の中では誰《だれ》でも言語を用いて考えを整理している。例えば好きな人を思うとき、「好感を抱く」「ときめく」「見初《みそ》める」「ほのかに想《おも》う」「陰ながら慕う」「想いを寄せる」「好き」「惚《ほ》れる」「一目惚れ」「べた惚れ」「愛する」「恋する」「片想い」「横恋慕」「相思相愛」「恋い焦《こ》がれる」「身を焦がす」「恋煩《わずら》い」「初恋」「老いらくの恋」「うたかたの恋」など様々な語彙《ごい》で思考や情緒をいったん整理し、そこから再び思考や情緒を進めている。これらのうちの「好き」という語彙しか持ち合わせがないとしたら、情緒自身がよほどひだのない直線的なものになるだろう。人間はその語彙を大きく超えて考えたり感じたりすることはない、といって過言でない。母国語の語彙は思考であり情緒なのである。

（藤原正彦「祖国とは国語」〈新潮社〉より）

3 次の文章の要旨を五十字以内でまとめなさい。

　人に気持ちを伝えるには、メールと手紙のどちらがよいのだろうか。

　メールは手軽に出せるのが特徴だ。たとえば、仲のよい友だちに相談事をするといった場合、自分の気持ちを率直に伝える手段としてそれはとても便利なものだろう。

　しかし、これが、恩師へのお礼の気持ちを伝える場合にはどうだろうか。メールではなく、一文字一文字、肉筆で書いた手紙の方が感謝の気持ちが伝わりやすいのではないだろうか。

　このように、相手や状況によって、ふさわしい気持ちの伝え方というものがある。メールも手紙も、相手や状況によって上手に使い分ければよいのである。

---

4 次の文章のA・B段落に小見出しをつけるとすると、どのようなものがよいですか。最も適切なものをそれぞれあとから選び、記号で答えなさい。

A　出産と育児は、どの動物にとっても日常のことで、病気さえしなければ、とくに手をかけなくても子どもはすくすくと育っていく。人間でも基本的には同じことで、一昔前の親は育児にさほど困難を感じることなく、適当に放っぽらかしていても子どもは成長したものである。それは長い人間の歴史を通じて、育児のシステムができあがっており、人々はそれに従えばよかったからである。

B　現今、子育てや教育が最大の課題として声高に叫ばれるのは、伝統的なシステムが壊されたからに他《ほか》ならない。その理由は、子どもを取り巻く環境が急速に人工化したことに基因している。家族でさえ人工化してしまった、そこが問題なのである。

（河合雅雄「子どもと自然」〈岩波書店〉より）

ア　伝統的な育児システムとは何であるか
イ　伝統的な育児システムの崩壊の原因
ウ　伝統的な育児システムの果たしてきた役割
エ　伝統的な育児システムの再構築の必要性

A段落［　　］　B段落［　　］

5 次の文章を読んであとの問いに答えなさい。

A　人間の目というのは、上は快晴の日の明るさから、下は夜の星空の下での明るさまでの、その範囲内《はんいない》が見えるようにセットされているという。もっと暗くても見える動物はいるが、人間は、太古の長い狩猟《しゅりょう》時代の間に、必要とされる目の能力が固まり、それで今日まで来ているらしい。もっと暗くても見える能力があるといいと思ったりするが、それにはそれだけの生体としての「経費」がかかるのだそうだ。

B　もちろん経費といっても金ではない。エネルギー上の経済は生物世界にもある。星空以下の暗闇《くらやみ》でも見えるようにするには、その経費を体のどこか他の能力を犠牲《ぎせい》にして、エネルギーを削《けず》ってこないといけない。でもそういうあまり使わない能力のために、他の必要な能力を削るわけにはいかない。

C　だからそういう夜の暗闇の場合、人間の目の能力は経費の安いモノクロに切り換《か》えてあるという。そういう見えるか見えないかの分野まで高級なカラー視力にセットしていたら、経費がかかり過ぎて、人体経営が成り立たなくなるんだそうだ。なるほどである。人体にも経済がある。モノクロとカラーを比べたら、カラーの方が情報量が多く、経費も高い。だから、夜の暗闇に待機しているときの人間の目は、モノクロなのである。

（赤瀬川原平「目玉の学校」〈筑摩書房〉より）

(1) 次の小見出しをつけるとしたら、A～Cのどの段落がふさわしいですか。段落記号で答えなさい。

・生物の体にも経済のようなしくみがある

［　　］段落

(2) この文章の内容を、次のように要約しました。［ a ］～［ c ］にあてはまる言葉を、それぞれ三十字程度で書きなさい。なお、［ a ］はA段落、［ b ］はB段落、［ c ］はC段落の内容に対応するものとします。

> 人間の目が見える明るさの範囲は、［ a ］。
> それ以下の暗闇でも見えるようにするには、そのための「経費」として、［ b ］。
> だから、そういう夜の暗闇では、「経費」がかかりすぎないよう、［ c ］。

a ［　　］

b ［　　］

c ［　　］

6 次の文章を読んで、あとの問いに答えなさい。

A　人間が生きてゆくことは大変なことです。人生とは、決してかろやかなものでも、明るいものでもありません。

B　冷静にふり返ってみればみるほど、人間の世界には、まっ黒い巨大な淵《ふち》がぽっかりと不気味な口をあけています。

C　そこをのぞきこむことの不快さに、私たちは目をそらし、できるだけかろやかに明るく生きてゆこうとする。しかし実際には、そういう努力は、ほんの一時のなぐさめにすらならないのではないか、と考えることがあります。

D　私たちはいつの間にか悲しむことを忘れ、暗さに沈潜することを嫌い、そして涙を流すこと、感傷的になること、哀愁を感じることを軽蔑《けいべつ》するようになってきたのではないでしょうか。

E「ユーモアの源泉は哀愁である」
と、マーク・トウェインが言うとき、その声の背後には深い苦渋《くじゅう》がかくされています。

F　私たちはもっと率直に、心の中の切なさ、悲しみ、または苦しみを、はっきりと口に出して表現したほうがいいのではないでしょうか。

（五木寛之「生きるヒント」〈角川書店〉より）

(1) この文章の内容を端的に表しているのはどれですか。最も適切なものをア～エから選び、記号で答えなさい。

ア　楽しむことについて　　イ　悲しむことについて
ウ　大変なことについて　　エ　表現することについて

〔　　〕

(2) この文章の内容を、次のように要約しました。［ a ］～［ c ］にあてはまる言葉を、それぞれ二十～三十字で書きなさい。

人生とは［ a ］。

それゆえ、私たちは人生から目をそらし、かろやかに明るく生きようとするあまり、［ b ］。

しかし、私たちは［ c ］。

a〔　　〕
b〔　　〕
c〔　　〕

語《ご》彙《い》力確認テスト 2

[同音異義語・同訓異字・類義語・対義語]

読解力を高めるには、語彙力も必要。自分の知識をここでチェックしよう。

問1

次の□にあてはまる漢字を答えなさい。

①キョウイ
- 科学の□□的な発展。
- □□にさらされる。

②コウショウ
- 正確な時代□□。
- ボーナスアップの□□。
- □□な趣味だ。
- 古代の□□文学。

③ショウソウ
- □□に駆られる。
- 時期□□。

④タイセイ
- 社会□□に反抗する。
- 攻撃□□をとる。
- 試合の□□は決した。
- 着地の□□が崩れる。

⑤フキュウ
- □□の名作。
- 家庭用のパソコンの□□率。

問2

次の□にあてはまる漢字を答えなさい。

①いたむ
- 胸が□む。
- 車が□む。
- 故人を□む。

②おかす
- 罪を□す。
- 権利を□す。
- 危険を□す。

③きく
- 機転が□く。
- 薬が□く。
- 話し声を□く。
- 音楽CDを□く。

④のぞむ
- 遠くを□む。
- 海に□んだ家。

⑤やわらかい
- □らかいセーター。
- □らかい土。

問3

次の各語の類義語を下から選び、記号で答えなさい。

① 暗示《あんじ》 ≒ [　　]
② 遺憾《いかん》 ≒ [　　]
③ 激励《げきれい》 ≒ [　　]
④ 献身《けんしん》 ≒ [　　]
⑤ 暫時《ざんじ》 ≒ [　　]
⑥ 思慮《しりょ》 ≒ [　　]
⑦ 親友《しんゆう》 ≒ [　　]
⑧ 変遷《へんせん》 ≒ [　　]
⑨ 無口《むくち》 ≒ [　　]
⑩ 狼狽《ろうばい》 ≒ [　　]

ア 分別《ふんべつ》
イ 鼓舞《こぶ》
ウ 寡黙《かもく》
エ 寸時《すんじ》
オ 残念《ざんねん》
カ 尽力《じんりょく》
キ 沿革《えんかく》
ク 示唆《しさ》
ケ 周章《しゅうしょう》
コ 知己《ちき》

問4

次の各語の対義語を下から選び、記号で答えなさい。

① 安堵《あんど》 ⇕ [　　]
② 快諾《かいだく》 ⇕ [　　]
③ 供給《きょうきゅう》 ⇕ [　　]
④ 緊張《きんちょう》 ⇕ [　　]
⑤ 巧妙《こうみょう》 ⇕ [　　]
⑥ 斬新《ざんしん》 ⇕ [　　]
⑦ 諮問《しもん》 ⇕ [　　]
⑧ 創造《そうぞう》 ⇕ [　　]
⑨ 不易《ふえき》 ⇕ [　　]
⑩ 目的《もくてき》 ⇕ [　　]

ア 需要《じゅよう》
イ 拙劣《せつれつ》
ウ 手段《しゅだん》
エ 答申《とうしん》
オ 模倣《もほう》
カ 懸念《けねん》
キ 固辞《こじ》
ク 流行《りゅうこう》
ケ 陳腐《ちんぷ》
コ 弛緩《しかん》

解答

問1
①驚異／脅威
②考証／交渉／高尚／口承
③焦燥／尚早
④体制／態勢／大勢／体勢
⑤不朽／普及

問2
①痛／傷／悼
②犯／侵／冒
③利／効／聞／聴
④望／臨
⑤柔／軟

問3
①ク ②オ ③イ ④カ ⑤エ ⑥ア ⑦コ ⑧キ ⑨ウ ⑩ケ

問4
①カ ②キ ③ア ④コ ⑤イ ⑥ケ ⑦エ ⑧オ ⑨ク ⑩ウ

公立高校入試問題

STEP 2の内容は、『中学総合的研究　国語』の
「第3章 文章の読み方を知る」と一部リンクしています。
本書と合わせて学習すると、より効果的に知識の定着がはかれます。

STEP 2

STEP2
要点解説

説明的文章と文学的文章

いよいよ入試問題にチャレンジしていく。その前に「説明的文章」と「文学的文章」の特徴とその攻略法を確認しておこう。

「読解」は「読書」ではない！

そもそも「文章を読む」ということは、《他人の書いた文章を読む》ということだ。文章の書き手が違えば、その感じ方も考え方も使われる言葉も書き方も、それぞれに大きく違っていて当然なのだ。そうした違いを認めたうえで、我々が他人の書いた文章を読もうとする時に最も大事なことは、《**決して自分勝手な読み方をしない**》ということだ。「自分だったらこう感じるだろう」とか「自分だったらこう考えるはずだ」といった、《自己を投影した読み方を楽しむ読書》とは、はっきりと区別しておかなければならない。

「読解」の目標は一つしかない！

大事なのは読者がどう考えるかではない。書き手がどう考えているのかなのだ。一口で言えば、《**書き手が読者に「どのように受け止めてもらいたいのか」をつかむこと**》が、「**読解**」の唯一の目標なのだ。書き手の考えが気に入ろうと気に入るまいとにかかわらず、自分勝手に解釈したり推測したりしないで、書き手の感じ方・考え方に従って素直に読むことだ。「読解」とは、どれだけ《素直》に読めるかの一点にかかっている、精神統一の作業なのだと言ってもよかろう。

文章の違いは、訴え方の違いによる！

書き手の側に目を向けると、読者に「どのように受け止めてもらいたいのか」には、その訴え方によって二つの違いのあることがわかる。

一　読者に理解（納得）してもらいたい！
二　読者に共感（感動）してもらいたい！

前者が《**読者に理解されることを目指す説明的文章**》の訴え方であり、後者は《**読者の共感を得ることを目指す文学的文章**》の訴え方である。国語という教科で諸君が眼にする様々な文章も、実はこの「説明的文章」と「文学的文章」という、わずか二種類の文章なのである。

実はヤサシイ説明的文章！

観察文・**解説文**・**評論文**・**論説文**などに分類される「**説明的文章**」における書き手（**筆者**）は、何よりもまず読者が理解してくれることを求め、常に読者を説得しようと心がけている。その最も顕著《けんちょ》な特徴は、《**読者に受け止めてもらいたいことは、必ず文章中に「言葉」というかたちで現れる**》という点である。いわば**説明的文章においては、答えのすべてが、書かれている《文章中の言葉》の中に必ずある**ということだ。読者は、自分勝手な《解釈》にあくせくしなくとも、必ず文章中に書かれているはずの《言葉そのもの》を頼ればよいのである。

三段構成を常に意識しよう！

出題される説明的文章も、実は長々と書かれた文章中のほんの一部分に過ぎないのだが、ほとんどの出題者が《**序論**・**本論**・**結論**》の《**三段構成**》を意識して問題文を取り上げていることを明かしておきたい。設問となっている語句や段落が、序論・本論・結論のいずれの場所にあるのかは、常に**力強いヒント**になるからである。

●

文学的文章は、まず外的事実を正確につかもう！

俳句・**短歌**・**詩**・**随筆**・**小説**などに分類される「**文学的文章**」における書き手（**作者**）は、喜びにしても悲しみにしても、自らの感動の体験を、読者にまず**出来事**（**外的事実**＝登場人物の心の外で展開する事実）として伝えようとする。どんなに強烈な感動であったとしても、それがどんな出来事の中で起こったことなのかが書かれなかったなら、読者にはどんな感動も伝わって来ないからである。読者（**受験生**）はまず、この「外的事実」を正確にとらえることから始めなければならない。ほとんどの出題が、まずこの**外的事実**の設問から始まるのである。

「内的事実」に主題がある！

ところで、最終的に受験生が読み取らねばならないのは、実は外的事実の展開（あらすじ）と同時に進行する、**登場人物**（あるいは、**作者自身**）の**心の動き**（**内的事実**＝登場人物の心の中で展開する感動）なのである。文章中の最も大きな内的事実としての感動はその作品の《**主題**》となって、必ず最後の設問として問われることにもなるのだ。

実はムズカシイ文学的文章！

ところが、この心の中で起こった《**感動**》がどれほど強烈な《内的事実》であったとしても、通常その感動を直接に表す言葉は文章中に見当たらないのだ。感動をストレートに言い表す言葉が、作者によって意識的に避けられるのである。作者にそうした感動を書いてしまいたい衝動《しょうどう》がないわけではない。**作者はわざと書かない**のだ。なぜ書かないのか。**人は言葉によって理解してしまったことには、あらためて感動することができない**からである。

感情表現の間接性に敏感であれ！

感動を直接に書かない代わりに、作者はその《**内的事実と読者との間を仲介する役割をもった言葉**》をどこかに必ず用意しているのである。登場人物のちょっとした仕種《しぐさ》・かすかな表情の変化・言いさした言葉・さりげない風景の描写といった、**一見何の意味もなさそうな描写**に託して、登場人物の《**内的事実**》を伝えようとするのである。

「**説明的文章**」における《**主張の直接性**》との最大の相違点は、「**文学的文章**」における《**感情表現の間接性**》なのだ。そして、この《感情表現の間接性》に敏感になることが、今後、文学的文章を読み解くうえで最も中心的な課題となるであろうことは言うまでもない。

STEP2 1

公立高校入試問題 1 —説明的文章—

対応できる設問形式

- 指示語問題
- 接続語問題
- 構成問題
- 空欄補充問題
- 理由説明問題
- 心情問題
- 主題問題
- 要旨問題

解答・解説…別冊32ページ

Q 次の文章を読んで、あとの問いに答えなさい。

鹿児島県

［（一）～（七）は段落番号を示す。］

明治以降、日本が政府によって統一されて以来、共通語というものがどうしても必要になった。どこの地方へ行っても通じる言葉を普及させようということで、非常に力を注いだのである。そして、それがあっという間に全国に普及したということは、世界でも非常に注目すべきことである。（一）

方言の違いが激しいにもかかわらず、日本はどこへ行っても共通語が通じる。私は方言を研究してはいるが、実際、農村や漁村で使われている言葉は、聞いてもわからないものが多い。ところが、その土地の人はよその地方から来た人だと思えば、共通語で話してくれる。しかし、東京の人間にはこういう真似《まね》はできない。東京の言葉が共通語だと思っているから、ほかの地方の言葉を使おうとはしない。しかし、東京以外の地方はすべて自分の方言と共通語と両方使い分けている。これは実に大したものである。（二）

日本では、共通語と方言の違いが相当激しい。これがヨーロッパ

語というものが、方言を※1放逐《ほうちく》してしまって、我々の話す言葉が共通語だけになってしまうことが、果たしていいことなのだろうか。これは大いに考えなければいけない。というのは、共通語にはいろいろな問題があるからだ。共通語というものは、大体東京の言葉が基本になっている。東京の言葉が万能ならば文句はないのだが、そうとも言えない。東京の言葉というのは、東京という都会に住んでいる人間の間に生まれた言葉であるために、どうしてもきめ細かい表現が足りないのである。（四）

日本中で雪が最も降ると言われる新潟県へ行くと、雪に関する※2語《ご》彙《い》が非常に発達している。雪の生活が非常に長い地方では、雪の降り方を見ていろいろな名前をつけている。こういった言葉は、その地方になくてはならないものであり、いくら共通語が盛んになったからといって、これをなくしてしまうことはできない。またなくしてはいけない貴重な言葉である。南の方に行くと、例えば鹿児島県あたりは、カツオの漁が盛んなのでカツオにいろいろな名前がつい

あたりへ行くと、スペイン語とポルトガル語の違いは、青森県の言葉と福島県の言葉ぐらいの違いしかない。それでも二つの国語である。ちょっと聞くと、スペイン語とポルトガル語が話せるなんていうのは、何か非常に偉いような気がする。しかし本当は、青森県の言葉と共通語が話せるということは、もっと違った言葉を使い分けることができることなのである。よく日本人は語学が下手だと言われるが、これは大間違いで、①日本人の方が語学の天才かもしれない。　(三)

さて、日本語の未来ということを考えると、共通語がどんどん普及していくのはけっこうなことかもしれないが、困ったこともある。今後は、方言がどんどん衰退していってしまいそうだからだ。共通

ている。　(五)

②こういうことから、東京という都会に発達した言葉だけでは、東京以外の人の生活を言い表すための言葉は当然足りなくなってしまう。共通語というものは、もっともっと方言から栄養分を取り入れて、豊かなものにしなければいけないということになる。　(六)

今日、共通語が、日本の代表にふさわしいものになるためには、地方の言葉から豊富な言葉を取り入れる必要があるように、私は思う。それがすばらしい日本語を作っていくための土台になっていくだろう。　(七)

（金田一春彦「日本語を反省してみませんか」による）

※1 放逐＝追い払うこと。
※2 語彙＝ある分野や社会・地域で用いられる語の集まり。

1 ——線部②「こういうこと」の内容を説明している段落として最も適当なものを次から選び、記号で答えよ。

ア (一)・(二)・(三)・(四)・(五) 段落
イ (二)・(三)・(四)・(五) 段落
ウ (三)・(四)・(五) 段落
エ (四)・(五) 段落

[　　　　]

2 筆者が、——線部①のように考えるのはなぜか。「スペイン語」と「ポルトガル語」という二つの語を用いて、四十五字以内で書け。

STEP 0 日本語の特色
STEP 1 文章の文法
STEP 2 公立高校入試問題
STEP 3 難関高校入試問題

STEP2

2

公立高校入試問題 2 ―説明的文章―

対応できる設問形式

- 指示語問題
- 接続語問題
- 構成問題
- 空欄補充問題
- 理由説明問題
- 心情問題
- 主題問題
- 要旨問題

解答・解説…別冊34ページ

Q 次の文章を読んで、あとの問いに答えなさい。

原日本人の境界認識として、ウチ・ソト認識の外側にヨソという世界がある。ウチ＝自分中心の仲間、ソト＝その外側の関係ある世界、ヨソ＝無関係で無視できる世界、というわけである。昔の人はウチのものには親しみのあるくだけた言葉を使い、ソトのものには敬語を使い、ヨソのものは「ヨソ者」だからコミュニケーションせずに無視した。同じ電車に乗り合わせた乗客は何も問題が起こらなければ物体として無視できるヨソであるが、話をしたり文句を言ったりするような関係が生じた時点でソトのものになる。

いまの日本人の※1礼儀語不足は、ウチ・ソト・ヨソ認識に狂いが生じたことが原因と考えられる。ヨソのものがソトのものになっているのに、態度や言葉は依然としてヨソ扱いのままなのである。それが言うべき言葉を言えない理由である。大学の教師が授業中の学生の私語に※2業《ごう》をにやしているが、いまの学生にとって、目の前にいる教師は自分と関係のあるソトの人間ではなく、自分と無関係で無視できるヨソの人間なのである。だから、電車の中で友人としゃべる↖

には、礼儀語の充実が不可欠である。乱暴なののしりは気心の知れたウチの人間関係の中でしか許されない。ところが、自分が不安なあまり、まわりの人をすべて自分の味方（ウチ）に取り込もうとしてウチの人間関係を拡大した結果、相手との距離が失われ、互いの攻撃が直接心身に及ぶようになってしまった。それが殺伐とした社会の背景にあると思われる。

良好な人間関係はいかに多くのソトの人を持つかにかかっている。気心の知れた友人が少数しかいないのは当たり前であって、単純に友人の多い少ないで人間関係のよしあしをはかることなどできはしない。だから、良好な人間関係を構築するには、まず自分の不安を克服すること、まわりを味方で固めなくてもだいじょうぶなだけの確固たる自我を確立することである。そうすれば、少数のウチ以外の人は大切なソトの人間として丁重に扱わなければならないという気持ちになるだろう。

われわれが満員電車の中で、

栃木県

のとまったく同様に、授業中声をひそめるでなく友人と会話ができる。

日本人は、有史以来上下関係の中で生きてきた。その中で、上位者には敬語を使い、下位者には使わないという原則の中でコミュニケーションを行い、うまく人間関係を構築してきた。現代の日本人は平等意識が非常に高いので、ある程度付き合って親しくなると、上下関係が自動的に消滅し、ついでに敬語も敬意もなくなってしまうことが往々にしてある。逆に、相手を上位者として扱うということは、自分から遠ざけることであるから、親しい相手にはかえって水くさいと受け取られたりする。

これから日本人が平等社会の中で良好な人間関係を構築していく「すみません、その傘、向こうへやっていただけませんか。」（濡《ぬ》れた傘がさわった。）「もう少し小さな声で控え目に話していただけませんか。」（声がうるさい。）と何の抵抗もなく言えるようになってはじめて、知らない人との良好な人間関係を築いたといえるのではなかろうか。そういう社会をこそ、われわれは志向すべきなのである。

（浅田秀子「敬語で解く日本の平等・不平等」から）

※1 礼儀語＝敬語の一種として筆者が提唱している用語で、親しくない人に対して使う、丁重なエチケットの言葉。

※2 業をにやす＝思うようにいかず、いらいらする。

1 授業中声をひそめるでなく友人と会話ができる　とあるが、筆者はその理由をどのように考えているか。

ア いまの学生は、大学の教師が教える知識を必要がないと思っているため。

イ いまの学生は、大学の教師を親しみやすい対等な存在と捉《とら》えているため。

ウ いまの学生は、大学の教師を自分たちと無関係な存在と考えているため。

エ いまの学生は、大学の教師の話より友人との話を重要と感じているため。

【　　】

2 本文の特徴を説明したものとして最も適切なものはどれか。

ア 過去における敬語の使い方を検討することによって、相手との距離を捉え直すために有効な方法を導き出している。

イ 言葉の使い方という側面から現代社会における人間関係のゆがみを指摘しつつ、望ましい社会の姿を提示している。

ウ 言葉に関する詳しい意識調査をもとにして、人々が無自覚であった現代社会の殺伐とした実態を鋭く分析している。

エ 社会の平等化が進むに従い敬語が多用されていく過程を丁寧に実証しながら、新しい社会の理想像を暗示している。

【　　】

STEP2 3

公立高校入試問題 3

―説明的文章―

対応できる設問形式

- 指示語問題
- 接続語問題
- 構成問題
- 空欄補充問題
- 理由説明問題
- 心情問題
- 主題問題
- 要旨問題

解答・解説…別冊36ページ

Q 次の文章を読んで、あとの問いに答えなさい。

愛知県B

1 文章をつづる際に、下書きをするかしないかは、その人の性分と習慣によることらしい。手紙を書くにも、はがきに簡単なあいさつを書くにも、どうしても下書きをしないと気がすまない人もいる。下書きを幾度も読み返しながら誤りの訂正をし、前後を入れ替えたり加筆したり、その上ではじめて便せんなりはがきを出して清書をする。こういう人の手紙やはがきは、さぞかし文脈も整い字面《じづら》もきれいだろうと思うと、そうとは限らない。清書のつもりで書き終わったものを読み返してみると、またまたどうしても訂正したい箇所が見つかり、そのままでも十分に通じるのに、ほうっておくことができない。したがってそれを受け取った相手は、消された部分や書き込みのある手紙を読まされることになる。

2 文章をつづる仕事を続けている人にも、当然いろいろの性格がある。出版や雑誌などの編集をしている人は、さまざまの原稿を読む機会が多いので、受け取った原稿を見て、これはいきなり書いたものか、下書きをして入念に加筆をしてから清書をしたもの

を考慮に入れて原稿用紙に書き直し、そこでもう一回訂正加筆を行った上で、最後の清書に移るという話であった。

4 実は最近、誤りと訂正がいつまでも残って消えずにいるのが非常に大切なことのように感じている。文豪と言われている人の名作の原稿が、記念展の会場に陳列されていることがある。さすがに昔の人は原稿用紙に書いた字も立派である。これを見ているだけで、文章をつづる気構えがまったく違っていたと感心することもある。また一方で、その時の諸事情を察するほどの知識がないと、こんなものを人前に展示されて、つい気の毒だなどと思うこともある。その展示場でゆっくり見たり読んだりする余裕はないかもしれないが、訂正を行った箇所を、どう加筆したり削ったりして、自分で納得できる文章にしたか、その推敲《すいこう》※3の跡をたどってみるのは、文章をつづっている者にとっては非常に有益である。

5 ワード・プロセッサー※4という装置が急激に普及した。試みる機会はもちろんあったが、推敲の跡が残らずに、訂正される以前の

かの見当がつきそうであるが、実際はかなり違うようである。書き込みや訂正箇所が多いから、これはぶっつけに書かれたものに相違ないと決めるのは、早まった判断である。

③ 処理の細かい文章を書いている人と、そのことで話をしたことがあった。楽屋をのぞかせてくれというような、ぶしつけなたずね方に思えて遠慮があったが、彼はいくらか含羞《がんしゅう》※1の笑いを浮かべ、仕事机の横の棚から帳面を一冊取り出した。これは親しい人にも見せるべきものではないが、と言って私には渡さず、手もとでその何ページかをひろげて見せてくれた。それはまったく仰天するばかりの草稿で、縦けい※2の行間の狭いところに訂正された文章の一節が書かれ、それがいたるところにあって最初の文章よりもはるかに多いように見えた。さらに驚いたことには、ここから分量

ものが消されてしまうことが恐ろしい。個性がまったく否定されるわけではないが、［　　］という最も大切なところが残らずにすむというのは、文章をつづる者にとっては最も危険なことで、このきれいごとが恐ろしい。

（串田孫一《くしだまごいち》『雑木林のモーツァルト』による）

（注）①〜⑤は段落符号である。

※1 含羞《がんしゅう》＝はじらい。

※2 縦けい＝文字の列をまっすぐに書くために施した縦線。

※3 推敲《すいこう》＝文章の字句を何度も練り直すこと。

※4 ワード・プロセッサー＝コンピュータを用いて、文書の入出力、記憶、編集、印字などを行う装置。いわゆるワープロのこと。

1 そのこと の内容として最も適当なものを、次の**ア**から**エ**までの中から選んで、そのかな符号を書け。

ア どのような訓練をして文章力を身につけたかということ

イ どのような過程を経て文章を仕上げているかということ

ウ どのような文章を模範にして文章を書いたかということ

エ どのような事情があってこの文章を書いたかということ

［　　］

2 ［　　］にあてはまる最も適当な語句を、第四段落の文章中からそのまま抜き出して、五字で書け。

STEP2
4

公立高校入試問題 4 ―文学的文章―

対応できる設問形式

- 指示語問題
- 接続語問題
- 構成問題
- 空欄補充問題
- 理由説明問題
- 心情問題
- 主題問題
- 要旨問題

解答・解説…別冊38ページ

Q 次の文章を読んで、あとの問いに答えなさい。

栃木県

東京から、父のふるさと、瀬戸内のある町に引っ越してきた小学生のヒロシは、「トーキョー」とあだ名をつけられ、なかなかクラスになじめずにいた。ある夏の日、同級生の吉野くんたちと海に行くが、泳げないことをからかわれ、かっとなって岩場から飛び込み、足にケガを負う。

家に帰って母に布団《ふとん》を敷いてもらう間もなく、吉野くんがおかあさんといっしょに訪ねてきた。おかあさんは玄関先でお見舞いのカステラを差しだして、父と母に謝った。母はかえって申し訳なさそうに「ウチのが勝手にケガしただけですけん、もう、そげなことしてもろうたら、こっちが困りますが。」と頭を下げる。父やぼくとしゃべるときより、ずっとうまくこの町の言葉をつかっていた。

父は吉野くんに言った。

「ヒロシに、これからもいろんなこと教えたってくれえな。」

吉野くんは顔を真っ赤にしてうつむいた。(1)こんなに照れくさそうにしているあいつを見るのは初めてだった。

「ヒロシ、吉野くんに部屋にあがってもらいんさい。」と母に言われ、吉野くんはやっと本棚から目を離し、ぼくを振り向いた。

「そしたら、まあ……ヤザワ……。」

ぽつりと言いかけたけど、舌打ちして言葉を切った。蛍光灯からたれ下がった紐《ひも》の先のスイッチを指で一発はじいて、「ヤザワいうて、言いにくいのう。」と笑う。

「ヒロシでええよ。」ぼくも少しだけ笑って言った。「東京でも、そげん呼ばれとったから。」

言ったあと、「から」じゃなくて「けん」だった、と気づいた。

引き戸に手をかけた吉野くんは、忘れ物を思いだしたみたいに、また振り向いた。

「ほんま、こんなん、すかした奴《やつ》じゃの。なんか好かんちゃ、わし。」

「わしも、ヨッさんのこと好かん。」

自分で口にして、初めて思った。「ヨッさん」なんて、オジサンみたいでヘンなあだ名だ。

「水泳、二学期までに泳げるようになっとけよ。」

そんなのいやだったけど、しかたなくうなずいた。吉野くんもおかあさんに肩をつつかれて、つまらなそうに靴を脱いだ。

部屋に入っても、しゃべることなんかない。ぼくは吉野くんが「トーキョー」のことを謝るまで黙っているつもりだったし、吉野くんもこどもだけで海に行ったことがばれて、おかあさんにすごく叱《しか》られたらしいから、きっとぼくのことを怒っているだろう。

吉野くんは本棚のマンガを、なにがあるのか確かめるみたいに端から見ていった。「読みたいのあったら貸してやるよ。」なんて、ぼくは言わない。吉野くんも「貸してくれえや。」とは言わなかった。

黙りこくって、目も合わさないまま、しばらくたつと玄関から吉野くんを呼ぶおかあさんの声が聞こえた。

1 (1)こんなに照れくさそうに……見るのは初めてだった とあるが、ここにはヒロシのどのような気持ちが表現されているか。

ア 吉野くんの意地悪が発覚し、いじめられずに済む安心感。
イ 吉野くんに反省の色が見られず、あてがはずれた失望感。
ウ 吉野くんの様子が普段とは違い、意外に感じられた驚き。
エ 吉野くんに弱味を握られ、立場が逆転したことへの焦《あせ》り。

[ ]

「ケガが治ったらプールに行く、けん。」

「……へたじゃのう、おまえの言い方。なんな？ それ。」

吉野くんは戸を開けて、廊下に出た。「プールに来たら、クロール教えちゃるけん。」と戸を閉める前に言った。

見送りには出なかった。母に呼ばれたけど、知らん顔をしたまま部屋にいた。

勉強机の椅子《いす》に座って、しびれたままの右足を手で叩《たた》きながら、椅子を右に振ったり左に振ったりした。勢いがついたところで両足を浮かせてコマみたいにぐるぐると回って、天井を見上げた。(2)あいつ、やっぱりいばってるなあ、いやな奴だなあ、と首をひねりながら笑った。

（重松清「半パン・デイズ」から）

2 (2)あいつ、やっぱり……首をひねりながら笑った とあるが、この様子にはヒロシのどのような気持ちが表現されているか。四十字以内で書きなさい。

STEP2 5

公立高校入試問題 5

—説明的文章—

対応できる設問形式

- 指示語問題
- 接続語問題
- 構成問題
- 空欄補充問題
- 理由説明問題
- 心情問題
- 主題問題
- 要旨問題

解答・解説…別冊40ページ

Q 次の文章を読んで、あとの問いに答えなさい。

兵庫県

Ⅰ 対話を深めるための工夫として、自分自身と対話する関係を対話中にもつくるということがある。意識の全体量を十とすると、相手とのその場の会話に十使ってしまうのでは、浅い会話になる。[A]、半分の五を自分自身への問いかけに使ってみる。慣れないうちは、相手への意識と自分への意識の二つを両立させることが難しいかもしれない。そのために会話が途切れ途切れになることもあるだろう。しかし、そうした練習期間を経ることによって、自分自身と対話する構造を対話に組み込むことができるようになるはずだ。

Ⅱ 私はさまざまな領域の人と対話する機会がある。そんななかで、相手が言葉を探しているときが、よくある。私の投げかけた問いに対して、真剣に答えようとして、自分の感触にぴったりとした言葉を探している時間だ。逆に、そうした時間をまったく持たず、現在流れている会話の流れをひたすらつないでいるだけの会話もある。自分自身の経験全体に常に向き合い、相手から来る言葉の

言葉がぴったりだ」という感触を得る。先に感触があるのだ。何となく捉《とら》えたその感触を手探りで言葉にしていく。言葉にしにくい「心の感触」をあきらめずに辛抱強く持ち続ける精神的な強さが、深い対話をもたらす。

Ⅳ 相手と話している文脈は維持しながらも、自分自身の経験知の深みに降りていく。この二つの作業を同時に行う能力が、対話力である。さらに、より高いレベルの対話力とは、相手の経験世界にまで思いを馳《は》せることだ。相手が自分自身の経験を振り返り、微妙な心の感触を言葉にする作業を促し、それにつき添う。自分自身に向き合う習慣のない人もいるが、こちらからの質問によっては、そうした人も自分自身の経験に深く入っていく。海中に潜ってアワビや真珠《しんじゅ》をとってくる海女《あま》さんのように、自分の経験世界に潜っていく。そうした作業を助ける対話力というものがあるのだ。対話に参加している者が皆、自分自身の経験世界に碇《いかり》を降ろし、一方で[C]の流れをつないでいる。それがコミュニケー

刺激をその経験全体に一度及ぼし、そこから出てくる感触を言葉にしてみる。この精神の作業は、慣れてくれば比較的短い時間でできるようになる。[B]、※語彙《ごい》があまりに少ないと、微妙な感覚を言葉にしにくい。また、言葉をむやみにこねくり回してしまう場合は、自分の感触への問いかけが足りないケースである。

Ⅲ 伝え合うのは意味である。その意味は、心の感触とともにある。ちょうどいい言葉が見つかったときに、「そうそう、ちょうどその

1 空欄A・Bに入る適切なことばを、次の**ア**～**エ**から選んで、それぞれその符号を書きなさい。

ア そこで　**イ** なぜならば　**ウ** それとも　**エ** だが

A［　　］　B［　　］

2 傍線部のようなことが起きるのはなぜか。その理由を説明した次の文の空欄に、本文中から適切なことばを抜き出して書きなさい。

心の感触に［　　］が見つからないまま会話をするから。

［　　　　］

ションの優れた形なのである。

（齋藤 孝『コミュニケーション力』）

※ 語彙＝ボキャブラリー。その人が使う語の総量。

3 空欄Cに入る適切なことばを、次の**ア**～**エ**から選んで、その符号を書きなさい。

ア 習慣　**イ** 文脈　**ウ** 感触　**エ** 経験

［　　］

STEP2 6

公立高校入試問題 ⑥

―説明的文章―

対応できる設問形式

- 指示語問題
- 接続語問題
- 構成問題
- 空欄補充問題
- 理由説明問題
- 心情問題
- 主題問題
- 要旨問題

解答・解説…別冊42ページ

千葉県

Q 次の文章を読んで、あとの問いに答えなさい。

1 ことばのやり取りは、しばしばキャッチボールにたとえられる。AがBに投げたボールをBが受け止め、Aに投げ返す。Aはそれを受け止めて、またBに投げる。

2 このときAが投げたボールをBが無視して、別のボールをAに投げたら、Aは自分が投げたボールの行方《ゆくえ》が気になって仕方がないだろうし、不愉快に感じるだろう。

3 また、ボールを投げるときは相手の身長や運動能力を考慮して、取ることができるように投球する。相手についてよく知っている場合はある程度難しいボールを投げて楽しむこともあるが、よく知らない場合は極力取りやすい位置に投げるだろう。

4 日常に交わされる会話は、何気なく発することばのやり取りである場合がしばしばであるが、やはり気持ちよくコミュニケーションを取るためのルールはある。キャッチボールと同様に、相手のことばをきちんと受け止め、相手のことを考えてことばを返すべきである。

6 お互いの言うことを聞いていないわけではないのだが、それに対しての受け答えをせずに自分の関心のある話題に終始している。親しい仲では、暗黙の了解のうちにこのようなコミュニケーションが成立していることもあるが、ごく限られた時と場以外は相手の言うことをきちんと受ける必要がある。

7 相手と良好な関係を保ちつつコミュニケーションをとろうとする場合、使用することばについても配慮する必要がある。基本的には次のような注意点が挙げられる。

(1) 相手との立場や親しさなどの関係を把握して、ふさわしいことばづかいをする。

(2) 相手を傷つけたり不快にさせたりするようなことばを使用しない。

(3) 相手と共有している語いを用いる。つまり、相手が理解できないと思われることばや、誤解をまねく恐れのあることばを避ける。

8 以上であるが、(1)はいわゆる敬語の運用能力といってもよい。

5 たとえば、次に掲げる例のように、日常生活の場では、ことばを交わしてはいるのだが、双方の話がかみ合っていないことも間々※1ある。

・母「お帰りなさい、今日のテストどうだった?」
・息子「ああ、腹へったー、夕飯なに?」
・母「テスト終わったからって気を抜いちゃだめよ、できなかったところ反省して次に向けないと」
・息子「あっ、いいもんあるじゃん、ケーキ買ってきたの?」
・母「貴子《たかこ》おばちゃんが来たんだけれど、聡《さとし》くん家庭教師頼んでるんだってよ。うちも考えてみようか?」
・息子「えっ、全部食べたの? ひどすぎー」

ただし、語形や適用の上で正しい敬語を使うだけでなく、相手との関係や状況に応じて、ふさわしい敬語表現を用いる能力が必要である。(2)は、親しい仲では特に、相手の欠点や失敗などについて気軽に口にすることもあろうが、いわゆる「親しき仲にも礼儀あり」であり、本当に相手を傷つけてしまうことのないように、ことばの使い方に気をつけるということである。(3)については、世代年齢や所属する社会集団が異なる場合に特に注意が必要で、世代間のことばのギャップ※2や仲間うちでの特殊なことばの使用はよく問題とされるところである。

（播磨桂子《はりまけいこ》「音声言語とコミュニケーション」による）

※1 間々＝ときどき。 ※2 ギャップ＝へだたりや食い違い。

1 この文章の1〜8の段落を、内容のまとまりから三つに分けるとするとどうなるか。最も適当なものを次の**ア**〜**エ**のうちから一つ選び、その符号を書きなさい。

ア (1 2)—(3 4 5)—(6 7 8)
イ (1 2 3)—(4 5)—(6 7 8)
ウ (1 2 3)—(4 5 6)—(7 8)
エ (1 2 3 4)—(5 6)—(7 8)

［　　］

2 この文章の要旨をまとめた次の文の□の中に入ることばを、「受け止める」「考える」「配慮」という語を用いて、四十字以内（読点も字数に数える。）で書きなさい。なお、「受け止める」「考える」という動詞は活用させてもよい。

会話においては、□ことが大切である。

STEP 0 日本語の特色
STEP 1 文章の文法
STEP 2 公立高校入試問題
STEP 3 難関高校入試問題

公立高校入試問題 7 —説明的文章—

対応できる設問形式

- 指示語問題
- 接続語問題
- 構成問題
- 空欄補充問題
- 理由説明問題
- 心情問題
- 主題問題
- 要旨問題

解答・解説…別冊44ページ

Q 次の文章を読んで、あとの問いに答えなさい。

熊本県

「間《ま》に合う」という言葉。普通、乗り物の時刻に間に合うとか、開会に間に合うという言い方をします。それとは別に、その程度のお金では間に合わないとか、分量がそれだけあれば十分間に合うというふうに用いることもあります。また、今は間に合っていますと言って、買い入れを断るときもあります。当たり前のように使っている「間に合う」ですが、時々、絶妙な言葉だと思います。主体は言うまでもなく「間《ま》」にあるのですが、「間」を使った言葉には、例えば「間を置く」「間を持たす」「間が抜ける」「間が悪い」などいろいろありまして、私にとっては、いずれも「間」の生かし方のよしあし、上手下手を通じて、「間」というものの、人生における大切さに思い至らせてくれる言葉なのです。

話し上手の人がいます。しかし、その人を、おしゃべりとはよばないでしょう。そのことを私なりに考えてみますと、※1饒舌《じょうぜつ》の人はとかく「間」をとることに気が回らなかったり、「間」の必要を感じていない場合が多いのに対して、話し上手とよばれる人は、意識し

言、名文句、同類のものがただすきまもなく積み重ねられるだけでは効果乏しく、文章の力みも、ただそればかりでは弱みに転じてしまうのは苦い教えです。※2適宜風を吹かせながらの饒舌であれば聞き逃されることも少なく、風のあいだに相手が連想し想像し思考する余裕を与えておいて、さらにたたみかけるのもいいでしょう。風も通さない饒舌は、聞いているほうも苦しくなり、終わったときには、さて、何を聞いたのかということにもなりかねません。余韻とか余情、ふくみ、それらはすべて、「間」の生かし方にかかわっているように思われます。思わせぶりな「間」は、いい余韻にも余情にもならないでしょう。とすると、自然に「間」を必要とするのは、必要とするだけの実質をそなえているもの、ということになるのでしょうか。

※3荻須《おぎす》高徳《たかのり》のパリの風景画で、忘れられない油彩があります。※4号数を正確には言えません。畳三分の一畳くらいと思って下さい。空も建物も道もうす暗いパリの街角。ただ一点、遠景の塔らしきものに

て、あるいは無意識のうちに、うまく「間」をとり入れている違いがあるように思います。「旅は道づれ」と言いながら、おしゃべりの人と一緒の長旅には疲れるという人は少なくないでしょう。また、相手とのあいだの沈黙の時間に耐えがたくて、「サービス」の気持ちから何かと話をして「間を持たせる」というときも確かにあります。相手が何と思おうとわたしゃ知らぬとばかり構えて口を閉じていられる人はいいのですけれど、心遣いが細やかであると、とかく①こういう場合、口数が多くなります。□、困るのは、「サービス」のつもりがいつのまにか自己弁護や自己顕示になり、果ては自己陶酔になっているのにも気づかずという場合です。いかなる名朱が入っていて、そこに向かって画面が※5収斂《しゅうれん》されていくのです。「間」のことを思うときに、私はよくこの朱色を見ています。

（竹西寛子《たけにしひろこ》著「国語の時間」による。）

※1 饒舌＝よくしゃべること。
※2 適宜＝その状況に合っているさま。
※3 荻須高徳＝洋画家（一九〇一～一九八六）。
※4 号数＝絵の大きさを表す数。
※5 収斂＝ひろがっていたものが一点に集結すること。

1 傍線①の部分「こういう場合」とはどういう場合か。二十五字以上、三十五字以内で書きなさい。

2 □の部分に入れるのに最も適当なものを次の**ア**～**オ**から選び、記号で答えなさい。

ア それとも　**イ** だから　**ウ** つまり
エ しかし　**オ** なぜなら

［　　］

STEP2 8

公立高校入試問題 8 —文学的文章—

対応できる設問形式
指示語問題
接続語問題
構成問題
空欄補充問題
理由説明問題
心情問題
主題問題
要旨問題

解答・解説…別冊46ページ

Q 次の文章は、「英雄《ひでお》」と「サキ婆《ばあ》さん」が、山で長年猟師をしている「老人」のもとで一週間ほど過ごし、最後の夜を迎えた場面を描いたものである。これを読んで、あとの問いに答えなさい。

愛媛県

夕暮れ、三人は家の裏手にある岩場で最後の夕食をとった。

風は止まり、夜空に無数の星がきらめいていた。その空の東方にやや欠けた春の月がかかっている。静寂の続く中で、三人はぼんやりと月と星を眺めた。

「こうしてひとりで山に住んでいると、あの月が何事かわしに話しかけているのが、分かるんじゃ。」

老人がぽつりと言った。

「そんなものかの。」

サキ婆さんが月を見て言った。

「人間の言葉とは違うのじゃが、獲物をしとめた日の夜、林の中を歩いていて、だれかに見られているような気がするときは、決まって月か星が頭の上にある。わしは上手《うま》いことは言えんが、耳の奥にたしかに聞こえるんじゃ。」

「その声がか？　月はなんと言うとりますか、あんたに。」

サキ婆さんがうれしそうな声で聞いた。

「たぶんわしだけが感じていることではない気がする。あのしとめた猪《いのしし》とて、月を見上げていただろうと思う。」

サキ婆さんが声を殺して笑った。

「あれだけうまかった猪はそのくらいのことはしとるだろうて。」

老人がつられて笑い声を上げた。

サキ婆さんが鍋《なべ》の中の肉をつまんで口に入れた。

サキ婆さんは、楽しげに歌い始めた。歌声は、岩場から切り立つように降りて広がる山々に響きわたり、激しく踊る姿は欠けた月に重なって青くきらめく幻の舞に映った。

ゆっくりと星が回るように、時間が三人の周りを過ぎていった。

英雄は、ふと静寂がやってくる度に月と星々を見上げた。月が何事か自分に語りかけてくれるのを耳をそばだてて待つのだけれど、ただ月光が身体を突き抜けるだけだった。

英雄は手を月にかざして広げてみた。月光が指先に当たって透き通るように光った。月光がふるえているのか、自分の指がふるえているのか分からなかった。

「上手いこと言えんのだが、わしのやってきたことを皆知っていて、それでもわしを許してくれているような気がするのじゃ。」

「ほお、許してくれるか。」

「うーむ。」

老人はうなるような声を出して、月に向かってうなずいた。

「英坊ちゃんには聞こえるかの。」

サキ婆さんが言った。

英雄はじっと月を眺めて、首をかしげた。

1　――線「首をかしげた。」とあるが、「英雄」が首をかしげたのはなぜか。その理由を説明したものとして最も適当なものを、次の**ア**～**エ**の中から一つ選び、その記号を書け。

ア　「サキ婆さん」にからかわれて腹が立ったから。
イ　自分には月の言葉を聞くことができなかったから。
ウ　月の言うことがなかなか理解しにくかったから。
エ　「老人」の言葉がのみこめずに不安になったから。

［　　］

英雄は自分の手に鼻を寄せて、匂《にお》いをかいだ。風の匂いなのか、山の匂いなのか、甘い香りがした。

聞こえないけど、聞こえる。匂いはないのに、匂う。見えないけど、見える……。英雄は老人が先刻言った月の話しかけているものが、そんな伝え方を自分にしているのではないかと思った。

一週間ほどのサキ婆さんたちとの春山の生活は、英雄に未知の世界を見せ、彼の五感に山の雄大な生命を吹き込んだ。

（伊集院　静の文章による。）

2　本文についての説明として最も適当なものを、次の**ア**～**エ**の中から一つ選び、その記号を書け。

ア　「英雄」が、山での生活を通して、自然や自然とかかわって生きる人間の姿に触れ、感性を養い、視野を広げていく様子が描かれている。
イ　「英雄」が、経験豊かな人たちとの触れ合いを通して、力強さや積極性を身に付け、人間として大きく成長していく様子が描かれている。
ウ　「英雄」が、不思議な体験を通して、自分の力の限界を知り、生きることの難しさや厳しさを全身で感じ取っていく様子が描かれている。
エ　「英雄」が、厳しい自然に立ち向かう経験を通して、生きていくための知恵や冷静な判断力を獲得し、自立していく様子が描かれている。

［　　］

STEP 0　日本語の特色
STEP 1　文章の文法
STEP 2　公立高校入試問題
STEP 3　難関高校入試問題

語彙《ごい》力確認テスト 3

[慣用句・ことわざ]

読解力を高めるには、語彙力も必要。自分の知識をここでチェックしよう。

問1

それぞれの意味の慣用句になるように［　］に当てはまる体の一部を答えなさい。

①［　］が売れる。
意味 有名になること。

②［　］がつく。
意味 悪事が露見するきっかけになること。

③［　］を挟む。
意味 人の話の途中に割り込んで何かを話すこと。

④［　］にかける。
意味 自慢げに振る舞うこと。

⑤［　］に余る。
意味 自分の力ではとうてい及ばないこと。

⑥［　］をかける。
意味 好意的に面倒を見ること。

⑦［　］をくくる。
意味 覚悟を決めること。

⑧［　］をそろえる。
意味 必要な数量・金額をきちんとそろえること。

⑨［　］を入れる。
意味 味方について後押《あとお》しすること。

⑩［　］を据《す》える。
意味 落ち着いて物事に取り組む様子。

問2

次のことわざの意味を選び、記号で答えなさい。

①虻蜂《あぶはち》とらず［　］
②井の中の蛙《かわず》［　］
③帯《おび》に短し襷《たすき》に長し［　］
④河童《かっぱ》の川流れ［　］
⑤紺屋《こうや》の白袴《しろばかま》［　］
⑥朱に交われば赤くなる［　］
⑦竹馬の友［　］
⑧濡《ぬ》れ手で粟《あわ》［　］
⑨暖簾《のれん》に腕押《うでお》し［　］
⑩柳《やなぎ》に風折《かざお》れなし［　］

ア 上手な人でも失敗することがある。
イ こっちが積極的になっても、相手がいい加減で少しも手ごたえがないこと。
ウ 両方をねらって、結局どちらも手に入らないこと。
エ 中途半端で役に立たない。
オ おさな友達のこと。
カ 他人のことばかり気にかけ、自分のことに手が回らない。
キ 狭い考えにとらわれ、ひとりよがりになる。
ク 柔軟なものは強剛のものよりかえって強いこと。
ケ 人は交際する友人次第で良くも悪くもなる。
コ 苦労せずに、やすやすと利益を得ること。

解答

問1
①顔 ②足 ③口 ④鼻 ⑤手 ⑥目 ⑦腹 ⑧耳 ⑨肩 ⑩腰

問2
①ウ ②キ ③エ ④ア ⑤カ ⑥ケ ⑦オ ⑧コ ⑨イ ⑩ク

難関高校入試問題

STEP 3の内容は、『中学総合的研究　国語』の
「第3章 文章の読み方を知る」と一部リンクしています。
本書と合わせて学習すると、より効果的に知識の定着がはかれます。

STEP 3

STEP3

要点解説

効率のよい読解法のススメ！

難関高校入試問題に多い、長い問題文。そんな長文を読解するときに、効果を発揮する方法をマスターしよう。

問題用紙を汚《よご》しながら読もう！

社会科などとは違って、国語で読むことになる問題文は、**必ず（！）初めてお目にかかる文章**である。初対面の文章に対して人見知りばかりしてはいられない。それどころか、ほとんど馴染《なじ》んだという感想ももてないままに、答えだけは書かなければならないのである。

そこでまず、我々が初対面の人に対して、その特徴に目を向けるように、初めて出会った文章に対しても、その特徴に注目しよう。文章中のすべての言葉が同じ比重・役割で書かれているわけではない。その中でも「この言葉は何か意味ありそうだナ」と思ったら、それを**片っぱしからマークしてゆく**のだ。これは答えを書くことではないのだから、丸囲み（◯）や傍《ぼう》線《せん》（――）などで気楽にマークしてゆくのである。

すると、なんとも不思議なことに、気がつくと問題文に気持ちが集中しているではないか。説明的文章の場合にはよくあることなのだが、なかなか問題文に入《はい》り込めなくて、気がつくと何度も同じところを読んでいたという諸君には、この《**汚《よご》し読み**》の効果はテキメンである。

汚し方にも工夫をしてみよう！

この汚し読みに少し慣れてきたら、今度は「これは**繰り返し**出てくる言葉だナ」とか「なんだか**価値を判断**（**評価**）している言葉だナ」などと思われるところをマークしよう。さらに「もう少し区別のしやすいマークの仕方をした方がよさそうだナ」などと思うようになったら、これはもうシメタものである。「**ここだけは読み落としたらだめ**だナ」と思われる重要な語句に注意が向けられている証拠であるからだ。

そうなったら、まずはとりあえず、

- **筆者の考えの中心をなす語句** ↓ 傍線を引く
- **その考えを支える根拠・理由を示す箇所** ↓ 囲む
- **筆者の考えと対立する考えを述べているところ** ↓ 波線を引く

のように、三種類の汚し方を使い分けてみよう。特に、《**理由・根拠にあたる部分**》は、筆者が最もエネルギーを注いで書いたところであり、出題者自身が最も意識して読んでいたに違いないところでもあるので、絶対に読み落とさない注意が肝要である。

まず中心段落を見出そう！

それでもなかなか関心のもてそうにない説明的文章は多いのだが、まして全体が長文ともなればなおさらであろう。こうした長文に出会った時にいちばん大事なことは、問題文中の**細部にこだわらず、まず全体をサーッと流して読み終えること**だ。そして、まず《**何について書かれている文章**

なのか》を、ごくごく大まかにつかむのだ。
　汚し読みをするのはその後である。時間への焦《あせ》りも伴うこのような不安な読み方をする場合には、最も大事な《**中心段落**》がどれなのか、この一点に的《まと》を絞《しぼ》って読み進めてゆくことだ。この中心段落に見当がつけば、面倒な長文も一気にその全体が見え始めるはずである。誰《だれ》だって、できれば出会いたくはない苦手《にがて》な長文なのだ。手探《てさぐ》り状態で読んでいるのは君ひとりではない、すべての受験生が同じ状態にいるのだ。

● 記述式を嫌《きら》ってはならない！

「**記述式**」の問題が出されると、もう真《ま》っ先にやる気をなくしてしまう生徒を見かけるが、これはとんだ《**食《く》わず嫌《ぎら》い**》というものだ。出題者は作家が書くような名文など、誰も期待してはいない。設問に対応した答えがフツーに書けるかどうかが見たいだけなのである。
　ただでさえ**配点の高い記述式**なのだから、模範解答どおりの完璧な答えでなかったら0点だ、などということは絶対にありえない。それどころか、キーワードをかすめてさえいれば、必ず《**部分点**》が付けられる、実にオイシイ出題形式のはずなのだ。

まず、書くことを心がけよう！

　むしろ、字数が足りなくても、なんとか答えを書こうとする心がけが大事なのだ。どんなに立派な答案が書けるようになった生徒でも、初めは自分は正解が書けているのではないと思う《不快感》と《もどかしさ》に何度もくじけながら、誰もが必ず《**答えらしく書こうとする心がけ**》からスタートしているのだ。

選択肢はヒントではない！

　一方、入試問題の設問のほぼ七割を超える「**選択式**」の問題は、気分的にも楽な形式である。ただ、受験生のいちばん悪いクセは、選択肢にヒントがあるものだと思い込んで、問題文をきちんと読もうとしないことだ。選択肢が四つあれば、三つは**ウソ**なのだ。出題者が意地ワルであればあるほど、そのウソは巧妙になる。ウソが巧妙になれば、読解力・理解力の優れた受験生ほどだまされやすくなるのだ。本文との意味上のつながりを見つけようとする不幸な思考がはたらくからである。

選択肢を頼らない読みをしよう！

　選択問題に打ち勝つ唯一の方法は、選択肢をあてにしないで問題文中から、まずは**自力で大まかに答えの方向をつかむこと**だ。そのうえで、**選択肢は必ず一度だけ読んで選ぶ**ように心がけよう。一度で選べなかったら、問題文中から答えをつかみなおすことだ。二度三度続けて選択肢を読んでしまったら、それこそ意地ワルな出題者の思うツボだ。

選択肢の末尾に違いが現れる！

　それでも、選択肢に頼らなければ解けない設問はある。《要旨・登場人物の性格・表現の特徴》などを問うハイレベルの設問に対しては、間違った言葉や表現を含む選択肢を消してゆく《**消去法**》に頼ることになるのだが、**選択肢の末尾の語句に決定的な違いが現れやすい**ことは、消去法に頼る場合の大きなヒントになることであろう。

STEP3 1

難関高校入試問題 1 —文学的文章—

対応できる設問形式

- 指示語問題
- 接続語問題
- 構成問題
- 空欄補充問題
- 理由説明問題
- 心情問題
- 主題問題
- 要旨問題

解答・解説…別冊48ページ

Q 次の文章を読んで、後の問いに答えなさい。（本文には一部改めたところがある）

共立女子第二高

その年のクリスマス・イブを、僕は去年の出来事のように思い返すことができる。

朝っぱらから、三聯隊《れんたい》※1の跡地に進駐していたGI※2が二人、ぎょっとするような盛装をして写真を撮りにきた。予想もせぬ事態だったが、おそろしく手先が器用で凝り性の父は、スタジオをすっかりクリスマスのムードに造りかえており、GIは「ワンダフル」を連発した。

当然家族は祖父がしゃしゃり出ることを警戒した。しかし祖父は、スタジオの隅にいかにも「師匠」という感じで立ったまま、黙って父の仕事ぶりを観察していた。上機嫌の客を父が店の外に送り出すと、祖父は仏頂面でペンタックス※3のファインダーを覗《のぞ》きこみ、撮影中に父が盛んに使っていた露出計を手にとって、何だか原住民が文明の利器でも見るように、ためつすがめつ眺めていた。

祖父が父の機材に興味を示すのはまったく初めてのことだった。スタジオに戻ってきた父が説明しようとすると、祖父は面白くもおかしくもない顔のまま、「こんなもんに頼ってばっかいるから、いつまでたったってコンテストに受からねえんだ」と悪態をついた。

父は毎年、新聞社の主催する写真コンテストに作品を応募し続けていたのだった。

鳥居坂の屋敷町の森が夕日に染まるころ、家族はひどく大げさななりで家を出た。

母は正月用の紬《つむぎ》をおろし、僕に新しいセーターを着せた。父は撮影旅行の時と同様に、例の従軍カメラマンのような格好で、おびただしい機材を背負った。ひとめ見たなり祖父は、「てめえ、弁慶か」と、また悪態をついた。

そういう祖父の出で立ちはといえば、皿の異様にでかいハンチングを冠り、ツイードの背広に蝶ネクタイを締め、丈の短いニッカボッカをはいていた。久しぶりに見る写真師の正装に、家族はみな呆《あき》れた。僕と母は笑いをこらえるのに必死だったが、父は妙に目の据《す》わった真顔で、「少なくとも、牛若丸には見えませんが」と厭味《いやみ》を言った。

店を出ると、祖父は世界を測るような感じで、籐《とう》のステッキを夕空に向けて振った。チョッキのポケットから、その昔宮様から拝領したとかいう懐中時計を取り出して時を見、胸に提げたライカ※3を商店街のアーケードに向けて構えた。

「ミエ切ってるつもり」と母が［A］。

「墓地下がいいな」

と祖父は言った。これには全員が仰天した。近くの六本木の交叉《こうさ》点《てん》か一の橋の停留場で花電車を待つものだとばかり思っていたのだ。それにしたところで多少は近所の目を気にしなければならないのに、祖父のそのなりで遠い墓地下まで歩かれてはたまらなかった。なにしろ祖父は、蔭では何を言われているかわからない、界隈《かいわい》でただひとりの都電廃止反対者なのである。

次代を担う家族は、妙な語りぐさを残したくない一心で祖父を流しのタクシーに詰め込んだ。

にっちもさっちもいかない交通渋滞の窓から、祖父はぼんやりと、移ろい行く故郷のイルミネーションを見つめていた。

僕らはひとけのない墓地下のカーブで、凩《こがらし》に慄《ふる》えながら花電車を待った。

①そこはまったく写真撮影に適さない場所だった。第一に、街灯のほかの灯りがない。後ろは青山墓地、向かいは米軍キャンプである。しかも四方を繁みに囲まれているそのあたりは、霞町の名の由来のごとく、夜更《ふ》けとともに霧が湧く。何よりも、停留場も交叉点もないカーブを、都電は全速力で駆け抜けるのである。

「青山一丁目の方が、よかないですか」

と、②父は機材を出しためらいながら言った。

「よかねえよ。俺ァここしかねえって、せんから決めてるんだ」

凩にかき乱された霧が、街灯の輪の中で渦を巻いていた。父が仕方なしに機材を拡《ひろ》げる間、祖父はステッキに両手を置いてキャメル※4の両切を唇の端で噛《か》んだまま、真剣なまなざしをあたりに配っていた。

まさかと思う間に、ちらちらと雪が降ってきた。

「やっぱ、むりですよおやじさん——」

「けっこうじゃあねえかい。ほれ、おめえの尊敬する何とかいうベトナムのカメラマンは、鉄砲の弾ん中でシャッターを切ったんだろう。あれァいい写真だ。おそらく奴ァ、弾が飛んでくるたんびに、しめたと思ったにちげえねえ。プロってえのァ、そうじゃなきゃならねえ」

「そりゃま、そうですけど……」

心のやさしい父は、ここまで準備を整えた祖父の一世一代とも言える写真が、無残な結果に終わることを惧《おそ》れたにちがいなかった。

それからしばらくの間、父は心の底から祖父を諫《いさ》め続けた。祖父は頑として譲らなかった。真摯《しんし》な師弟のやりとりに、僕や母の口を挟む余地はなかった。

結局、父は強情な師匠に屈した。

「せめて、こっちを使っちゃくれませんか」

父はフラッシュをセットしたペンタックスをさし出した。

「いや、俺のを使う。ただし、おめえもそっちで、同時にストロボを焚《た》け。合図は昔と同じだ」

わずかの間に、雪はほぐれ落ちる真綿ほどの大粒になっていた。祖父は掌《てのひら》でライカのレンズをかばいながら、父の立つべき位置を指図した。

深いしじまの中で、都電の警笛が鳴った。隣の新龍土町の停留場を発車したにちがいない。道路の向こう岸には、いつの間にか大勢のＧＩが見物にやってきていた。

「おじいちゃん、写せるかなあ。ストロボ替えてる暇なんかないよ。ここ、すごいスピードで来るんだ」

母は［B］。

ストロボは一回で焼き切れてしまう。玉を替える間などあるわけはないから、写真は一発勝負だった。

祖父はハンチングの庇《ひさし》を後ろに回し、街路樹の幹に肩を預けた。両肘《ひじ》をぐいと締め、何度もファインダーを覗きながら足場を定める。ふだんの老耄《ろうもう》した姿など嘘のように、腰も背もしゃんと伸びていた。

一方の父も真剣だった。指示通りに少し離れた場所で三脚を開き、毛糸の帽子を脱いでカメラをかばっている。

緊密な時間が刻まれた。雪を吸って真黒に濡れた道路に、水銀を流したような二本の線路がはるかな弧を描いていた。

母が［C］。僕の鼓動と同じくらい、母の紬の胸は高鳴っていた。

花電車が来た。

向こう岸のＧＩたちから、いっせいに喝采《かっさい》と指笛が起こった。

全速力でカーブに現れた花電車は、クリーム色のボディが見えないほどの造花で飾られ、フレームには目もくらむほどの豆電球を明滅させていた。ヘッドライトの帯の中に霧が渦を巻き、轍《わだち》からは雪が吹き上がった。

「まだっ！　まだまだっ！」祖父が怒鳴った。

「いいかっ！」

「はいいっ！」

ひと呼吸おいて、祖父は木遣《きや》りでも唄うような甲高い合図の声を張り上げた。

「ああっち！　ねええっ！　さん！」

一瞬、夜の底に焼きつけられた都電の姿を、僕は一生忘れない。

二台のストロボと同時に、都電のパンタグラフから稲妻のような青い火花が爆《は》ぜた。真昼のような一瞬の閃光《せんこう》の中で、電車はそのまま止まってしまったように見えた。

しかし、都電は警笛を鳴らし続けながら、全速力で僕らの前を通過していたのだった。豆電球に飾られた運転台に、順ちゃんが無愛想な顔でつっ立っていた。

母が、［D］。

「あっち、ねえ、さん、だって。久しぶりで聞いたわ」

「あっちねえさん。おかしいね」

僕と母は芯の折れたように屈みこんで、大笑いに笑った。

都電が行ってしまってからも、祖父と父はファインダーから目を離さずに立っていた。

少し間を置いて、向こう岸からＧＩたちの喝采が上がった。それ

はカメラマンたちに向けられた賞賛に違いなかった。祖父はようやく身を起こし、ハンチングを粋に胸前に当てて、

「サンキュー・ベリマッチ！」と答えた。

「撮れたの、おじいちゃん」僕は祖父に駆け寄った。

「焼いてみりゃわかる。まちがったって暗室のドア開けたりすんじゃねえぞ」

祖父はライカをケースに収めると、ツイードの背広の肩に斜めにかけ、雪と霧に染まった墓地下の舗道を、さっさと歩き出した。

「③気が済んだかな」三脚を畳みながら、父が悲しげに言った。

祖父は誇らしく胸を反り返らせ、無愛想に、まるで花道をたどる役者のような足どりで、雪の帳《とばり》の中に歩みこんで行った。

（浅田次郎「青い火花」）

※1 三聯隊＝軍隊の隊編成上の一単位。 ※2 GI＝占領下の米兵。
※3 ペンタックス・ライカ＝カメラのメーカー。 ※4 キャメルの両切＝タバコの銘柄。

1 ——線部①「そこはまったく写真撮影に適さない場所だった」とあるが、どうして適さないのか。その理由を説明しなさい。

[　　]

2 ——線部②「父は機材を……言った」にこめられた父の思いを推察している一文を本文中より抜き出し、その最初の五字を答えなさい。

3 ——線部③「気が済んだかな」と言った時の父の気持ちとして最も適切なものを次から選び、記号で答えなさい。

ア 自分の思うような写真を撮らせてもらえなかったので、写真家としてのプライドを傷つけられたと思っている。

イ 自分の言うことを祖父に全く聞き入れてもらえなかったので、失敗していても当然のことだと思っている。

ウ 祖父の好きなようにやったのだから、たとえ失敗に終わっても祖父に悔いはないだろうと思っている。

エ やるだけのことはやったのだから、たとえうまく撮れていなくても恨まれることはないだろうと思っている。

[　　]

4 空欄 A ～ D に入れるのにふさわしい言葉を次からそれぞれ選び、記号で答えなさい。

ア 答えずに、じっと夫と父の仕事を見つめていた

イ ほうっと息を抜いた

ウ 笑いを苦しげに噛み殺しながら囁《ささや》いた

エ 背中から僕を抱きすくめた

A[　] B[　] C[　] D[　]

STEP 3 2

難関高校入試問題 2 ―説明的文章―

対応できる設問形式

- 指示語問題
- 接続語問題
- 構成問題
- 空欄補充問題
- 理由説明問題
- 心情問題
- 主題問題
- 要旨問題

解答・解説…別冊52ページ

Q 次の文章を読んで、後の問いに答えなさい。

成蹊高

「最近の大学生はバカになったのでしょうか？」とよく訊《たず》ねられる。1答えるのに困る質問である。

ある意味では「イエス」である。たしかに学力は低下している。「壮絶なまでに」と申し上げてもよいくらいだ。だが、それを学生の責に帰すことに私は一抹の疚《やま》しさを感じるからである。

三年ほど前、学生のレポートに「精心」という字を見出したときには強い衝撃を受けた。

だが、この文字はまだ「精神」という語の「誤字」であるということがただちに分かる程度の誤記であった。

去年、学生のレポートに「無純」の文字を見出したときには、さすがに、しばらく動悸《どうき》が鎮まらなかった。それが「精心」とは違う意味での、知的な「地殻変動」の兆候のように思えたからである。

文脈をたどる限り、「無純」の語をこの学生はただしく「矛盾」の意味で用いていた。「むじゅん」ということばの意味をこの学生は理解しているのである。「無純」という文字も、「(対立者を含んでいるので)純粋では無い」という解釈によるのであろうから、決してデタラメとは言えない。むしろ、「むじゅん」という音と、文脈から、「無純」という「当て字」を推理した知的能力はかなり高いと申し上げてもよいくらいだ。

だから問題はむしろ、語義を理解し造語する能力まで備えた学生が、なお「矛盾」という文字を知らなかった、という点に存するのである。

もちろん、これまでも「矛盾」という字を書けなかった学生はいくらもいた。今でも「予盾」と書いたり、「矛循」と書いたりする例は珍しいものではない。けれども、これらの誤字は「矛盾」という文字のかたちを「正確には再現できない」というだけのことであり、その文字を「知らない」ということとは違う。

現に私たちは毎日のように、「正確には再現できないが、読むことはできる」文字を使ってコミュニケーションをしている。

「顰蹙《ひんしゅく》を買う」ということばは日常的に使われているが、「ひんしゆく」と正しく漢字で書ける人はあまりいない（私は書けない）。「語《ご》彙《い》」の「い」の字や「範疇《はんちゅう》」の「ちゅう」の字を「どう書くの？」といきなり訊《き》かれたら困る人は少なくないだろう。

だが、「無純」が暗示するのは、そういう種類の「知識の不正確さ」とは別の種類の「知識の欠落」が※1蔓延《まんえん》しつつあるという現実である。

なぜ「矛盾」が書けないのか？

「本や新聞を読まないからだよ」と言って済ませる人がいる。

だが、そうだろうか。実際には、彼らはけっこう文字を読んでいる。

彼らが愛読する「マンガ」というのは絵と文字の※2ハイブリッド・メディアであり、膨大な量の文字情報をも同時に発信している（だから識字率の低い国では、子どもたちが「マンガさえ読めない」ということが起こるのだ）。それに、彼らが日頃※3耽読《たんどく》している情報誌やファッション誌もまた少なからぬ文字情報を含んでいる。

なぜ、これだけ文字に浸っていながら、「文字が読めない」ということが起こるのか。

私の仮説は次のようなものである。

それは彼らが「飛ばし読み」という習慣を過剰に骨肉化させたためである。

私たち人間の知性にはもともと「意味のないノイズ」を無視して、自分にとって意味のあるものだけを選択的に拾ってゆくという「飛ばし読み機能」が備わっている。機械にはこんな芸当はできない。逆説的な表現になるが、人間が機械よりも勝っているのは、機械には拾えない情報を検出することができる点ではなく、機械がいちいち拾ってしまうゴミ情報を無視することができる点においてである。

その点では、2「文字が読めない」大学生たちの知的構造はすぐれて「人間的」なのだと私は思う。彼らの知性には、「分からない文字は瞬時に飛ばして、読めなくても、気にしない」という「物忘れ機能」が初期設定されているのである。

どうして、そういうことになってしまったのか。いささか思弁を弄《ろう》したいと思う。

通常、私たちは「自分程度の知的水準の読者を対象としている」と想定されているメディアで、自分の「読めない文字」や「意味の分からない単語」に出会った場合、「ぎくり」とする。文脈から推察できない場合は、人に聞いたり、（あとでこっそり）辞書を引いたりして、語義を確定しようとする。そのような「意味の欠如」に反応する不快や欠落感に担保されて私たちの語彙は拡大するのである。

ここまではよろしいな。

ところが、当今の若者たちの場合は、「自分たちの知的水準に合った」メディアに日常的に触れながら、「意味の欠如」を埋めようとする意欲がほとんど発生しない。読めない文字があっても気にならないのである。

（中略）

いまの若い人たちが目にし、耳にする日本語の文章は、あまりに多くの「意味不明のことば」を含んでいる。そして、読者視聴者に期待されているのは、その逐語的理解ではなく、文章の持つグルーヴ感※4やテンションに同調して「乗る」ことなのである。

おそらくはそのようにして「無純」と書く大学生は誕生したのであると私は思う。

彼女は「矛盾」という文字を新聞や雑誌や小説で読むときは、それを無意味な「汚れ」として「読み飛ばし」、「むじゅん」という音の語義については、文脈と「ノリ」から推理してみせたのである。

先日、入試の英文和訳の採点をした。「すごい」答案が続出して、何度も赤鉛筆をはらりと落とした。その答案を見て私が愕然《がくぜん》としたのは、彼女たちが「英語が出来ない」からではない。「日本語が出来ない」からでもない（もはや、そういうレベルの問題ではない）。

まったく無意味な文章が平然と書き連ねてあったからである。

彼女たちは、誰が読んでも意味不明である文章を書いて、そしてそのことにご自身が心理的抵抗をあまり感じないのである。とすれば、この事態を説明できるロジック※5は一つしかない。それは世界は「現に彼女たちが今書いているようなテクスト」として読まれているということである。おそらく「世界」は、彼女たちの書く答案に似た「意味の虫食い状態」として彼女たちの意識の前に現前しているのである。

情報や知識の欠如が「欠如」として前景化せず、むしろ世界の「地」として背景に溶け込んでいる状態、「意味の欠如」が不快や不足として感知されない状態、3そのような知的状況に二一世紀の日本の若者は置かれている。

そして、彼らをこのような知的窮状《きゅうじょう》に追い込んだ責任は、年長者たちの世代全体（教育者もメディア業界人も知識人たちも含めて）にあると私は思う。逐語的に読んでも明晰《めいせき》判明であり、それが世界にぴんと筋の通った整序をもたらすようなことばで書き語るという努力を私たちはあまりに長きにわたって怠ってきたのではあるまいか。学生たちの語彙の不足を責めるより先に、私たちはまず自分たちの「ことば」の点検から開始すべきではないかと私は思う（と書いているこの文章は大丈夫なのか？）。

（内田樹『ためらいの倫理学　戦争・性・物語』による）

※1 蔓延＝広がってゆくこと。
※2 ハイブリッド＝異なるものが一つの中に混じっていること。
※3 耽読＝夢中になって読むこと。
※4 グルーヴ感＝共鳴。リズム。
※5 ロジック＝論理。

1

――線部1「答えるのに困る質問である」とあるが、それはなぜか。適切なものを次の中から一つ選び、記号で答えよ。

ア 学力の低下を実感できないから。

イ 昔から学力の低い学生は存在したから。

ウ 知的能力の基準は時代によって異なるから。

エ 知的能力が低下しているとは限らないから。

〔　　〕

2

――線部2「『文字が読めない』大学生たちの知的構造はすぐれて『人間的』なのだと私は思う」とあるが、筆者が「人間的」であると考える理由を説明せよ。

〔　　〕

3

――線部3「そのような知的状況に二一世紀の日本の若者は置かれている」とあるが、彼らの置かれている状況をもたらした要因を筆者はどのように考えているのか。説明せよ。

〔　　〕

STEP 3

難関高校入試問題 3
—説明的文章—

対応できる設問形式
- 指示語問題
- 接続語問題
- 構成問題
- 空欄補充問題
- 理由説明問題
- 心情問題
- 主題問題
- 要旨問題

解答・解説…別冊56ページ

Q 次の文章を読んで、後の問いに答えなさい。

明治大学付属中野高

物語の特性のなかで、まず強調したいのは、その「関係づける」はたらきであろう。あるいは、何かを「関係づける」意図から物語が生まれてくる、と言ってもよい。

非常に単純な例を考えてみよう。コップに野草の花がひとつ挿してある。それだけのことなら、別に誰《だれ》もその花に注目しないかも知れない。しかし、それは病気で寝ている母親を慰めようとして十歳の少女が下校のとき摘んできたのだと知ると、その花が単なる花でなくなってくる。その花を介して、その少女に親しみを感じ、その母娘の間の感情がこちらに伝わってくる。そこに「関係づけ」ができてくる。そのことに感激すると、そのことを誰かに話をしたくなる。友人に話をするとき、少女が花を買おうと思ったのだが、彼女には高すぎたので困ってしまったが、ふと野草の花を見つけて……というふうに話が少し変わることもある。それを聞いた人が他人に伝えるときは、母親がその花を見て嬉《うれ》しく思うと、高かった熱がすうーと低くなって……とつけ加えるかも知れない。

だから①「物語」は信用できないという人がある。それも一理ある。物語を文字どおり真実だというのは馬鹿《ばか》げているが、だからと言って、それが無意味というのもおかしい。物語を語ることによって、母娘の関係の在り方がわかり、それに感動することによって、語り手と聞き手との間に関係が生まれ、このように「関係の輪」が広がっていくところに意味がある。かかわりのなかの真実が、それによって伝わっていく。

物語の本質については、よく知られているように紫式部が、既に『源氏物語』のなかで、千年近くも以前に論じているのは大したものである。「蛍」の巻で、光源氏は最初は「物語には本当のことは語られることが少ない」というように低い評価をするが、そのうちに、物語こそ単なる事実を述べているものよりも、真実を伝えるものだと言う。このときの、「日本紀などは、ただ片そばぞかし」と言う源氏の言葉は、ズバリとした表現である。事実のみを述べている『日本紀』などは、ほんの片はしにすぎないと言っている。物語創作に命をかけた紫式部の誇り高い気概が、光源氏の口を借りて表わされているのだ。

　このように高い評価を得ていた物語が急速に価値を失うのは、近代になってからであろう。それには自然科学の果たした役割が大きい。自然科学は外的事実の間の「関係」、特にその「因果関係」を見《み》出《いだ》すことに努力するが、そのような外的事実を、観察者（研究者）とは関係のないものとすることが前提となっている。このために、そこに見出されたものは個人を超える普遍性をもっている。この「普遍性」ということが実に強力である。つまり自然科学によって見出された結果と技術とがうまく結合すると、人間は事象の「外側に」立って、それをコントロールし、操作できる立場を獲得する。この方法があまりにも効果的であるために、人間は科学の知によってすべてのことが可能になると思ったり、科学の知こそがただ一つの真理である、とするような思い違いをしたのではなかろうか。

　このような思い違いをすることによって、多くの現代人はこの世との「関係」を切断され、根無し草のようになってしまった。便利で能率よく生活することが可能になったが、いったい何のために生きているのか、その意味が急に稀薄《きはく》に感じられるようになったのである。「意味」とは、関係の在り方の総体のようなものである。私と私を取り巻く世界との関係がどんなものかがわからずに生きていても、「意味」が感じられないのも当然である。

　しかし、このようなことに気づく前に、多くの人が自然科学の知以外の知を否定しようとしたり、軽蔑《けいべつ》したりしたのではないだろうか。そして多くの学問研究も「科学的」であろうとし、十八世紀の物理学の方法論を、社会科学でも人文科学でも自分たちの領域に適用しようと試みた。それはそれなりの成果を得たのは事実であるが、それのみが学問であるとか、真実を知る方法であると考えるのは誤りである。

　自然科学の知万能のような考えについて、現代人はいろいろな点で反省を促されることになったが、そのひとつの大きい主題は「死」のことであろう。いかに医学が進歩しても、人間の死を拒否することはできない。せめてできるだけの長寿を、ということで、延命の医学はずいぶんと発達した。このために近代人の平均寿命も長くなった。しかし、そのことのためにかえって「死」の課題はよけいに深刻になってきた。

　これは既に述べてきたように、自分と関係のないこととしての「人間の死」については科学的に研究できるだろう。しかし「私の死」については、②それは不可能である。それどころか、私の親しい人についても同様ではなかろうか。家族とか恋人とか、自分にとって大切な人の死を経験した人が、時に抑うつ症になって、われわれ心理療法家のところに来談する。「なぜ、あの人は死んだのか」という、この人たちの問いに対して、科学的な説明をしても意味がない。この人たちは、二人称の死に対する意味づけを知りたいのだ。言い換えるなら、それについて自分も納得のいく「物語」を見出したいのである。

　このように考えると、物語のなかで「死」について語られるのが多いのに気づくだろう。「一人称の死」、「二人称の死」は人間にとっての永遠の課題である。従って、それは物語のなかで主題となりやすいのである。

物語が関係づけるはたらきをもっているという点で、自と他との関係づけに加えて、自分の内部における関係づけのことも忘れてはならない。深層心理学的な発想で言えば、意識と無意識をつなぐものとしての物語の役割を認識することである。人間の内部では、通常にはたらかせている意識と共に、簡単には意識化できない心のはたらきも生じている。「私」と呼んでいる存在は、はたしてどれほどの広がりや深さをもつか測りようもないが、一般には「私」は私自身のことを知っていると信じられている。しかし、身体のことを考えてみるとすぐわかるが、「私」は私の身体がどのようにはたらいているか、まったく知らない。それにもかかわらず、それはうまく機能している。身体でも「私」がコントロールできたり、そのはたらきを認識している部分もある。心の方も、どうもこれと同様のことらしい。自分の知らない心のはたらきが生じて、③それは全体としてうまく機能している。

この全体的な統合が破綻《はたん》すると、そのような人はわれわれ心理療法家を訪れてくる。ノイローゼの症状に悩むのなどは、その典型である。たとえば不潔恐怖症になると、何かにつけて何度も手を洗わねばならない。通常の意識としては、そんな必要のないことがわかっているのだが、手を洗わないと気がすまない。無意識的な心のはたらきと通常の意識との折り合いをつけるために、どうしてもそのような強迫行為が必要になっている。

これほど問題が深刻でない場合はどうなるか。たとえば、通常の意識としては、自分はある会社の課長であること、それが一般にどれほどの地位と思われているかもよく知っている。しかし、無意識の方は、自分が唯一無二でかけがえのない存在であること、地位や財産などとお構いなく絶対的な存在価値をもつ点を大いに強調したがっている。そこで、④この両者をつなぐ「物語」が必要になる。その人なりにそれぞれの工夫があろうが、ある課長は、飲んで酔ってくると、［　⑤　］「お話」――事実はそれほどでもないのだが――を必ずする、というようなことになる。この「物語」が彼の人格の統合に一役買っている。

こんなときに、彼が素面《しらふ》の会話で部長もいるところで、その「お話」をしたり、あるいは、彼の周囲の人が結託して、彼が例の話をはじめるや否や、「もう知っています」と言って聞くのを止めたりすると、彼は相当な危機に陥ることになるだろう。「物語」は、人間の統合性の維持のために、役割を果たしている。誰しも、そのような「物語」をもっているはずである。そのことを意識せずにいる人もいるが。

（河合隼雄『物語を生きる』による）

1 ――線①「『物語』は信用できないという人がある」とありますが、「『物語』は信用できない」理由を「…から」に続くように本文中から二十字以内で抜き出しなさい。

（　　　　　　　　　　）から

2 ――線②・③「それ」の指示内容をそれぞれ答えなさい。

②［　　　］

③［　　　］

3 ――線④「この両者」とありますが、「両者」とはこの場合何と何のことですか。簡潔に答えなさい。

［　　　］

4 ［⑤］に当てはまる内容を次から選び、記号で答えなさい。

ア　自分が部長の仕事ぶりを見てとても対抗できないという
イ　自分が部長の誤りを指摘してこっぴどくやっつけたという
ウ　自分は部下の失態を厳しく注意するので怖がられているという
エ　自分は部長や部下との公平な付き合いから信頼されているという

［　　　］

5 本文を内容の上から前半と後半に分けた場合、後半はどこから始まりますか。最初の五字を答えなさい。

［　　　　　］

STEP3
4

難関高校入試問題④
―文学的文章―

対応できる設問形式
- 指示語問題
- 接続語問題
- 構成問題
- 空欄補充問題
- 理由説明問題
- 心情問題
- 主題問題
- 要旨問題

解答・解説…別冊60ページ

Q 次の文章を読んで、後の問いに答えなさい。

昭和三十年代の東京、銀座は何本もの川に囲まれていた。その一つ汐留川《しおどめ》の上に「達也《たつや》」の家がある。それは、杭《くい》を支柱代わりに川に突き立て、板を張り渡した粗末なもので、水道がないため水を汲《く》むのが達也の日課だった。川の埋め立てのため、家の立ち退《の》きが迫ったころ、級友の「百合《ゆり》」が転校することになった。一緒に登下校する最後の土曜日を間近に控え、築地《つきじ》川にかかる七つの橋を渡れば願い事がかなう、という話を百合から聞いた達也は、それまで大切にあたためていた、「ボートで学校へ行く。」という冒険を実行する考えを百合に打ち明けた。

「この川からはどこへだって行けるんだよ。だから土曜日、百合ちゃんも一緒にボートで学校に行って、帰りに築地川に抜けて、下から七つの橋を全部くぐってあげるよ。あそこのおじさんとは昔から仲よくしてるから大丈夫さ」

百合は少し不安げに達也を見て、それから達也の視線が行きつく川面《かわも》の同じあたりに眼《め》を向けた。潤みを帯びた黒目に翳《かげ》りがさして、その中を複雑な感情がたゆたっているように見える。

土曜日の朝、水汲みを終えた達也は船着き場に行って、ボート屋のおじさんに頼んでみた。

だが、おじさんは腕組みしたきり黙りこんでいる。てっきり二つ返事で冒険の仲間入りをしてくれるものとばかり思っていただけに、おじさんの渋い顔は意外だった。

「そりゃ、たっちゃんはボートのあやし方もわかっているだろうけど……」

その先は言わせまいとするかのように達也は先回りした。

「潮にはちゃんと気をつけるから」

ね、と念押しして、おじさんの顔をのぞきこんだ。

達也がおじさんの店で手伝いをしていたとき、流れに乗っていい気になって漕《こ》いでいるうちに、東京湾に出たはいいが、流されて帰れなくなった客が何人かいた。そうした騒ぎを起こす客に限って、おじさんがボートの艫《へさき》を持って送り出すさい、「浜離宮の先は潮が急に変わるよ」と声をかけても、「大丈夫、大丈夫、ボートは漕ぎ馴《な》れてるから」とうるさそうな顔をしてみせるのだった。ボートの扱い

国立工業・商船・電波工業高専

にどんなに自信があっても、流れを知らないはじめての川では素人《しろうと》である。その点、達也にとって、汐留川も築地川も知らない川ではなかった。何と言っても、川の上で育ったのである。

達也の真剣な眼差《まなざ》しに根負けしたように、おじさんはうなずいた。

「連れがいるってところが気がかりだけど、ま、川が埋まれば、もうボート遊びもできなくなるからな。最後の記念だ」

自分に言い聞かせるように言い、最後の記念、と口にしたその言葉の余韻を噛《か》みしめるかのように、おじさんは、朝陽《あさひ》の輝き一色に染まって濁りの消えた川をしばらくみつめていた。

約束の時間、ランドセルを背負った達也がボートの中で待っていると、石垣の上に百合があらわれた。よそゆきの淡い水色のワンピースを着ている。いつもは両肩に垂らしている長い黒髪を、きょうはうしろでひとつにまとめ上げていた。額が大きくあらわになっただけ、エッチング※1されたようなきりっとした眉《まゆ》が強調され、達也の眼には、百合がいつも以上に大人びて映った。

雲ひとつない澄みきった空を背後に従えて川べりにたたずむ百合の姿を、達也は声をかけることも忘れてぼんやりながめていた。初夏の匂《にお》いを含んだ朝の空気を吸いこむたびに、(1)胸に小さな引きつりのような痛みが走り、耳の奥では、心臓の高鳴りがはっきり聞こえていた。

達也はオールで水をひと掴《つか》みし、漕ぎ出した。台船※2の上から作業の手を休めてボートを見送るおじさんの姿がしだいに小さくなっていく。

流れは緩やかで、南からの追い風である。だが、漕ぎ馴れているはずの達也にとっても、人ひとり乗せて川の下手から上手へ進むのは力が要《い》った。力で漕ぐんじゃない、ボートと息を合わせるんだ。そう手ほどきしてくれたおじさんの言葉通り、息を吸いながら水をとらえ、吐くのに合わせて、とらえた水を送り出す。

光もまた呼吸をしていた。瑞々《みずみず》しい日差しが川面にはねかえって、ガラスの破片のような鋭い切り口をちらつかせ、無数のきらめきとなった光の粒子が、達也の前で膝頭《ひざがしら》をぴったり合わせてうつむいている百合の前髪やワンピースの尖《とが》った肩先や長い指にまとわりついていた。

登下校のときも川すじで遊んでいるときも、百合はいつも達也のすぐ隣にいた。しかし、ボートの上で達也は、百合と二人きりになったのがいまはじめてであるかのように百合の存在を間近に感じていた。そうでいながら、息苦しさを感じるわけでもなかった。眩《まばゆ》い光の中で達也は柔らかな安堵《あんど》に包まれていた。達也がオールを引くと、百合の肩も小さく盛り上がる。二人が息をするごとに、ボートは前に進んだ。達也には、川べりから驚いた顔でボートの中をのぞきこむ通行人の姿も、ボートのへりを掠《かす》め飛ぶ水鳥も眼に入らなかった。

達也の通う学校は、汐留川を北に折れて、外濠《そとぼり》川の埋め立てられずに残っている南寄りの流れが行きつく、小さな石づくりの橋のたもとにある。かつて八丁堀へと連なるこの流れを荷物を輸送する運河として使っていた名残で、桟橋と橋の上につづく階段がそのままになっている。

　百合を先に下ろして、ボートを桟橋の橋にロープで括《くく》りつけ、達也も階段を駆《か》け上がっていった。

「こらっ、何考えてんだ！」

　いきなりだった。日直の先生の大きな手の平が左の頰《ほお》に飛んできた。

　両親が呼ばれ、「ボートで学校に登校した小学生なんて聞いたこともない。前代未聞です」とこっぴどく叱《しか》られ、所用で来られないという百合の母親には電話で事情が説明され、あげくボート屋のおじさんまで呼びつけられてお灸《きゅう》を据えられた。

　土曜なのに達也は夕方近くまで居残りを命じられ、職員室の隅に立たされていた。やっと許されて、薄暗い下駄箱《げたばこ》置き場でひとりズック靴に履きかえ、しょんぼり小さな背中を丸めて校舎を出ると、校門の陰にランドセルを背負った百合が立っていた。

　二人は黙ってどちらからともなく歩き出した。登下校に毎日ならんで歩いた道を、足は覚えている。

「たっちゃん、手、つなごう」

　百合が左手をさし出してきたが、達也は首を振った。

　達也は左頰を両手でかばっていた。よほどの力だったのだろう、ぶたれたところが、時間がたつにつれて熱を持って、ずきずき疼《うず》くようになっていた。手洗いの鏡で見ると、赤黒く痣《あざ》のように腫《は》れ上がっている。

「たっちゃん、ちょっと待って」

裏通りを抜けて、土橋のたもとに出たところで百合が呼び止めた。

　百合はいつも達也が水を汲む銀行の駐車場のところに駆《か》けていって、ワンピースから自分のハンカチをとり出し、蛇口で濡《ぬ》らすと、達也を電話ボックスのある川べりに連れていった。

　自分のランドセルを下ろして、その上に達也を座らせる。達也は百合のされるままになっていた。左頰に当てている達也の両手を、百合はか細く白い手で優しくとってはずさせ、濡らしたハンカチをそっと押し当てた。ひんやりとした心地好さが熱を持った頰に広がる。だが、それより、顔を近づけてきた百合の匂いに、達也は心奪われていた。

　思わず見とれていた達也の眼を受け止めて、百合がぽつんと言った。

「たっちゃん、ごめんね」

　哀《かな》しいのか、悔しいのか、切ないのか、わからないけれど、突然目頭が熱くなって、瞳《ひとみ》が潤んでくるのがわかった。涙を見られたくなかったのか、その瞬間、達也は、濡れたハンカチを頰に当ててくれていた百合の手を振り切るようにして駆け出していた。叫ぶように百合の声が追いかけてくる。(2)だが、達也は振りかえらなかった。

（杉山隆男《すぎやまたかお》『汐留川』〈文藝春秋　刊〉による）

※1　エッチング＝銅版画。線の強調を特徴とする。
※2　台船＝ボートの乗降のために設置された箱型の浮き船。

1

本文中に、(1)胸に小さな引きつりのような痛みが走り、耳の奥では、心臓の高鳴りがはっきり聞こえていた。とあるが、この時の「達也」の気持ちを説明したものとして最も適当なものを、次の**ア**から**エ**までの中から選び、記号で答えよ。

ア ふだんとは違う大人びた百合を見て、別れが近づいたことを痛切に感じ、慕わしさがいっそう募ってきている。

イ いつもの子どもらしい百合の方が良かったのに、と思いながら、それを口に出してはいけないと緊張している。

ウ 一緒に登校するのも最後だと思うと、これまで百合をいじめてきたことに心が痛み、いつ謝ろうかと悩んでいる。

エ いつも通りにボートを上手に漕いで、格好いい姿を百合に見せつけられるだろうかと、不安にさいなまれている。

[　　]

2

本文中に、(2)だが、達也は振りかえらなかった。とあるが、それはなぜか。その理由として最も適当なものを、次の**ア**から**エ**までの中から選び、記号で答えよ。

ア ボートで登下校するという大切にあたためていた夢が期待に反して打ち砕かれてしまったことに気をとられ、百合の気持ちを考えられなかったから。

イ 百合に同情されればされるほど、先生に打たれた頬の痛みがひどくなるように思われ、百合を恨みがましく思う気持ちが高まってきてしまったから。

ウ 百合に慰められると、平手打ちを受けた上に遅くまで居残りをさせられたことへの悔しさがわき上がってきて、涙が止まらなくなってしまったから。

エ 自分の企てが手痛い失敗に終わったにも関《かか》わらず優しく思いやってくれる百合の謝罪の言葉を聞くと、かえっていたたまれない気持ちになったから。

[　　]

3

本文の内容と表現の特徴を説明したものとして最も適当なものを、次の**ア**から**エ**までの中から選び、記号で答えよ。

ア 会話文と回想場面を多用して、いつの時代でも変わらない思春期の少年少女の繊細で鋭敏な心の動きを生き生きと描いている。

イ 巧みな比喩《ひゆ》と情景描写を生かして、淡い恋心を抱くようになった少年と少女の感情のやり取りや心の高ぶりを情感豊かに描いている。

ウ 簡潔な短文をリズミカルに連続させることで、少年の大切な夢が無理解な大人によって破られていく悲しみを淡々と叙情的に描いている。

エ 長文を積み重ねることによって、ひそかに思いを寄せる少女との心のすれ違いの経験を糧《かて》として成長していく少年の姿を客観的に描いている。

[　　]

STEP3 5

難関高校入試問題 5 ―文学的文章―

対応できる設問形式
- 指示語問題
- 接続語問題
- 構成問題
- 空欄補充問題
- 理由説明問題
- 心情問題
- 主題問題
- 要旨問題

解答・解説…別冊64ページ

Q

次の文章は吉村昭氏の小説『ジングルベル』〈文藝春秋 刊〉の一部分です。大井・谷口・北畠は刑務所の刑務官です。工藤は出所を間近にひかえた受刑者です。文章をよく読んで、後の問いに答えなさい。

茨城高

「工藤が逃走したらしい」

大井は、[1]目をして状況を説明し、

「至急、本所に電話で報告するように……。作業は中止して、受刑者を全員、泊込所にもどし、点呼の上、房に収容する。私は北畠君と工藤を追う。後の指揮はとってください」

と、[2]口調で言った。

谷口は、はい、と答えたが、①顔は青ざめていた。

「行こう」

大井に声をかけられて、北畠は足を速めて歩き出した。

土手を越え、家並みの中に入り、線路ぎわの道に出た。大井は、無言で半ば走るように歩いてゆく。

林の中に入った。線路の枕木も砂利も落葉でおおわれている。枯れた樹々《きぎ》の中に太い針葉樹がみえ、所々に雪が残っている。

逃走はまちがいないが、北畠の胸には、②まさか、という思いが依然として淀《よど》んでいた。工藤は、あと半月もすれば出所できるし、逃走の理由がない。刑務官の指示に従順にしたがい、作業でも骨惜しみせず働く。工藤には妻子がいて、時折妻からの葉書《はがき》も来て、それをじっと読み返しているのを見ることがある。逃走するなどとは考えられず、一時的に精神錯乱を起こしたのではないだろうか。

しかし、と、かれは思い直した。工藤の逃走はあらかじめ計画されたもので、スコップが使用不能になったのも故意に止め金をはずし、作業現場からはなれるためのものとも考えられる。出所を間近にひかえながら逃走したのは、それなりの理由があったにちがいない。

かれにひそかな好感をいだいていた北畠は、裏切られたような憤りを感じた。

西側に丘陵がせまり、線路はその間を右に左にカーブしながらのびている。大井は息をはずませ、北畠も胸が苦しくなった。

前方から車輪のレールを鳴らす音がかすかにきこえてきて、林のかげから二輛《りょう》編成のジーゼルカーが姿を現した。

大井が線路からおり、北畠もそれにならった。ジーゼルカーが近づき、空気を揺れ動かしてかたわらを過ぎていった。

線路にもどった二人は、再び足を速めて進んだ。

ゆるいカーブを曲がりかけた大井が、不意に足をとめた。北畠はたちどまり、その視線の方向に眼をむけた。

渓流にかかった短い鉄橋があって、その手前の線路ぎわに一人の男が膝《ひざ》をかかえて坐っている。灰色の作業服を着ていることから、工藤であるのはあきらかだった。

北畠は走り出そうとしたが、大井がゆっくりと歩きはじめたのでその後につづいた。工藤が自分たちに気づいて逃げたら、力のかぎり追って捕えよう、と思った。

大井は枕木をふみしめるように歩き、工藤の前で足をとめた。北畠は、工藤が鉄橋のほうに逃げぬように反対側にまわった。

帽子を手にして頭を垂れていた工藤が顔をあげ、大井を見上げた。その顔が不気味なほど白く、体が小刻みにふるえている。

逃げる気配がないと察したらしく、大井がかたわらにしゃがみ、工藤の肩に手を置いて、

「どうしたんだ」

と、声をかけた。幼児を［3］口調であった。

工藤の顔がゆがみ、

「ジングルベルなんです」

と、うわずった声で言った。口からすすり泣きの声がもれ、体のふるえが増した。

「ジングルベル？」

大井が、［4］言葉に首をかしげた。

「スコップを取り換えに工務店の裏へ行きましたら、表通りのパチンコ屋からジングルベルの曲がきこえてきたんです。それをきいているうちに、なぜか胸が急に熱くなって自然に足が動いて……」

工藤は、とぎれがちの声で訴えるように言った。

大井は、口をつぐんで工藤の顔を見つめている。鉄橋の下方から渓流の瀬音が立ちのぼってきていた。北畠は、汗にぬれた体が急に冷えてきたのを感じた。

「ジングルベルなんです」

工藤が、再び言った。すがりつくような眼であった。

「そうか。ジングルベルか。もう、そんな時期になったんだな。だが、たとえどうあろうと、勝手にこんな所まで来てはいかんじゃないか。軽はずみなことをして、愚かしいと思わんのか」

大井の眼に、［5］光が浮かんだ。

「申し訳ありません」

工藤が、頭を深くさげた。

「さ、皆が心配しているから帰ろう」

大井が工藤の肩をたたき、腕をとった。

うなずいた工藤が体を起こし、作業帽をかぶった。北畠は、反対側にまわって腕をつかんだ。

工藤は、足をふらつかせながら枕木をふんで歩きはじめた。瀬音が遠ざかり、風が渡るたびに落葉がかすかな音を立てて舞いあがる。

「もうすぐ出所だというのに、これで出られなくなってしまったじゃないか。我慢しなければいけない。みんな我慢しているんだ」

大井の言葉に、工藤はうなずいた。

三人は、黙って歩きつづけた。

線路のカーブを曲がると、前方に町が見えてきた。

大井が口をひらき、

「君が後悔していることは、上の方にも報告しておく」

と、前方に眼をむけながら低い声で言った。

工藤は、黙っていた。

泊込所にもどると、刑務所の車が来ていて、工藤が大井に付き添われて乗った。

車は、農場の中の道を舗装路の方に遠ざかっていった。

その夜もどってきた大井から、工藤に対する訊問《じんもん》の結果をきいた。

工藤は、妻子がどのような生活をしているかを日頃《ひごろ》から気づかっていて、ジングルベルの旋律をきいているうちに会いたくなって、線路づたいに歩いていったのだという。

「足が自然に動いてしまって、と、工藤は何度も繰り返し言っていたよ」

大井は、うつろな眼をして言った。

北畠は、線路ぎわで頭を垂れて坐っていた工藤の姿を想《おも》い起こした。妻子の住む町は遠く、かれは会うのをねがって虚脱状態でそこまで歩き、不意にそれが許されぬ身であることに気づき、うずくまっていたのだろう。

1 空欄1～5に当てはまる言葉を次の中から選び、記号で答えなさい。

ア あやすような　**イ** 落ち着いた　**ウ** 鋭い
エ 思いがけぬ　**オ** 険しい

1［　　］　2［　　］　3［　　］
4［　　］　5［　　］

2 傍線部①「顔は青ざめていた」とありますが、谷口の顔が青ざめたのはなぜですか。二十字以内で答えなさい。

3 傍線部②「まさか、という思い」とありますが、北畠がそのように思う理由を説明している部分の最初と最後の五文字を抜き出して答えなさい。

［　　　　　］～［　　　　　］

4 次の文章の空欄に適当な人名を入れて、文章を完成させなさい。同じ人名を二回以上使用してもかまいません。

［ア］はベテランの刑務官として、多くの受刑者を見てきているので、受刑者の行動には理屈だけでは理解できない様々なことがあるということを知っている。［イ］はまだ経験も浅く自分の見方でしか受刑者を理解できない。今回の工藤の逃走についても、［ウ］の精神状態に対する［エ］のさまざまな配慮が描かれている。

ア［　　］　イ［　　］
ウ［　　］　エ［　　］

STEP3 6

難関高校入試問題 6 ―説明的文章―

対応できる設問形式

- 指示語問題
- 接続語問題
- 構成問題
- 空欄補充問題
- 理由説明問題
- 心情問題
- 主題問題
- 要旨問題

解答・解説…別冊68ページ

Q 次の文章を読んで、後の問いに答えなさい。

広島大学附属高

わたしは職業柄《がら》、深夜に仕事をして、朝寝て昼に起きることが多く、出勤も午後からが多いので、家を出る直前に「昼どき日本《にっぽん》列島」というNHKのテレビ番組をよく見ます。あるとき、埼玉県《さいたまけん》のある村の子どもの花祭りを紹介していました。五月のツツジの季節で、子どもたちは満開のツツジの花をちぎっては、大きな籠《かご》に入れていました。そうして花でいっぱいになった籠をみんなが持ち寄ると、その花を道でたがいにぶちまけあいだしたんです。

村の大人《おとな》たちが大事に大事に育てた花を、残酷にも引きちぎったり、むしったりするなんて、本来は許されないはずです。[A]、それを道にぶちまける。あとの掃除《そうじ》のことを考えてもそれはしてはいけないことです。[B]、一日だけそれが許される。このお祭りは、いったい何《なん》なんだろう。だれかが一所懸命に育てた花を摘んで、それをおおっぴらに捨てる、あるいはたがいにそれを投げつけあう。これは何だろうと、ずっと気になっていました。

その後、※1前衛的といってよい華道家《かどうか》の生け花を間近に見る経験をしました。華道というのは、とにかく美しい花をきれいに生けて室内を飾るものだぐらいにしか考えていなかったわたしは、驚いてしまいました。

「生け花」と言いながら「殺し花」だからです。その花は、枝から切ったり、土から抜いてきたりしたものです。それを美しく見せるために、枝を折ったり、余分な葉をそぎ落としたり、極端な場合には花を一輪しか残さないこともあります。枝を切る、割る、葉をむしる、裂く、ちぎる。最後に、だめ押しのように※2剣山《けんざん》にブスッと刺す。人間だったら、拷問《ごうもん》そのものです。栄養をやったり虫をとったりと大事に育てた花も、何日もかけて山奥から探してきた枝も、ポキンと折ったり、裂いたり、葉をむしったりする。そういうものが、じつは生け花です。

じつは、先ほどの花祭りとよく似ているんです。大事に育てたものをいじめ抜く、殺す。そうすることがひとつの日本《にほん》文化として伝承されているのです。華道という文化として伝承されている。これは、いったい何でしょう。

なんだ、わたしたちが毎日やっていることじゃないかということに気がつきました。わたしたちが生きる、その実相ではないかということです。

わたしたちが食べるものは、塩などをのぞけば、ほとんどが生きものです。肉、魚、野菜、果物《くだもの》、砂糖、酒――すべていのちあるものからできています。わたしたちは毎日、これを何度かに分けて、たえず体内に入れなければ生きてゆけません。わたしたちが生きるということはだから、別のいのちを殺すことなのです。「別のいのちをいただく」ことです。だから、「いただきます」と手を合わせる。「ごめんなさい、いただきます」と言って、いただいているのです。

しかも、わたしたちの食べているものは、肉にしても牧畜というかたちで育てたものです。野生の牛じゃない。食べ物をあたえて、毛を梳《す》いてあげて、ときにはビールまで飲ませて、大事に育てて、それを殺していただいている。野菜も、果物もそうです。農家の方は、天候を気にかけながら、慈しむようにして野菜や樹木を育てる。それをちょんぎって、箱詰めにして流通させる。そして、だれかの口に入るのです。華道と同じです。

埼玉県の花祭りも、華道家がしていることも、わたしたちが日常やっていることなのです。そのことを、わたしたちはきちんと見ていないのです。その実相をしっかりと目に見えるかたちにし、生きるとはこういうことなんだと、まざまざと思い知らせるのが右の花祭りと華道だったのです。

わたしの好きな詩人の一人《ひとり》に長田弘《おさだひろし》さんという方がおられます。その方に、こういう言葉があります。「見えているがだれも見ていないものを見えるようにするのが、詩だ」。この詩の定義は、哲学にも当てはまると思います。見えているのにだれも見ていないものを、見えるようにする。言葉で見えるようにする。これが哲学の仕事だと思います。

いまの日本人は、①これと反対のことをしています。食生活を考えてみても、スーパーマーケットでは、いのちあるものを殺したことが見えないように工夫《くふう》されています。肉はサイコロ状にしてあったり、薄く切ってバラの花のように、芸術品のようにしてあったりします。魚は切り身や短冊の刺身にして、もとの姿が思い浮かばないような姿で売られています。野菜や果物も、サイズが揃《そろ》ったものだけを入荷して、透明なフィルムでラップされて売られている。

②怖《こわ》いことに、肉も果物も魚も、日用品と同じ感触です。ツルッとした薄いフィルムの感触を共通してもっています。肉をさわっているつもり、野菜をさわっているつもりで、わたしたちの身体《からだ》が経験しているのはフィルムの感触です。とくに一九七〇年代以降に生まれたひとたちは、ラップされた肉をさわっても、フィルムをさわっているとは思わないくらいあたりまえのことになっている。

触覚は物のリアリティ、現実を知るうえで重要な感覚です。押してもがんとして動かないその感触が、現実というのは思うようにならんもんだという実感をあたえてくれます。そういう現実感覚の根っこにある触覚に、なにか大きな変化が起こっている可能性があるのです。

かつては、みずから家で魚をさばくとか、出産を手伝うとか、死後の遺体処理を手伝うなどをしていました。それを、病院やスーパーマーケット、レストラン、クリーニング屋、し尿[※3]処理業者など、外部のサービス機関に委託するようになった。これが社会の近代化なのです。そのなかでわたしたちは、生きることの根本にあるものに、まるでラップ・フィルム越しにしかふれることができなくなってきた。そういうときに、右の花祭りや華道は、もう一度ラップ・フィルムをはがして、生きるとはこういうことですよ、ひとは別のいのちをいただいて生きているんですよ、と教えてきたのです。

そういういのちの炎は、ある意味で種から別の種、さらに別の種へのバトン・レースのように移動します。生きるということのこういう実相を眼《め》に見えるかたちで伝え、「このことを忘れてはいけないよ」と言っている。この意味で、華道も花祭りも、「生きる」ことに関連して、ある哲学的な考え方を宿していると言ってよいと思います。それを言語的に表現するのが、哲学の役目なのです。

（鷲《わし》田《だ》清一《きよかず》『死なないでいる理由』による）

※1　前衛的＝芸術活動の先頭に立って、新しい試みを行っていること。
※2　剣山＝花をつきさして固定する生け花の道具。
※3　し尿＝大便や小便。

1 [A]・[B]にはどういう言葉が入ればよいか。その組み合わせとして最も適切なものを、次の**ア**～**エ**から一つ選び、記号で答えよ。

ア A あるいは B だが
イ A それで B しかし
ウ A さらに B つまり
エ A しかも B でも

［　　］

2 ――部①「これと反対のこと」が意味していることを、本文中の言葉を使って、三十字以内で答えよ。

3 ――部②「怖いことに、肉も果物も魚も、日用品と同じ感触です。」とあるが、なぜ「怖い」のか。その理由の説明として最も適切なものを、次の**ア**～**エ**から一つ選び、記号で答えよ。

ア いのちあるものを殺しているということが感じられず、別のいのちをいただいて生きているというわたしたちの生の実相を知ることができないから。

イ 透明なフィルムでラップされて売られたものであり、それにさわっても肉や果物や魚のもとの姿を思い浮かべることはもはやできなくなってしまっているから。

ウ ツルッとした薄いフィルムの感触を共通してもっており、実際の肉や果物や魚をさわっているという実感をもつことができなくなっているから。

エ わたしたちの身体が経験しているのは物の実際の感触とは異なる感触であり、現実感覚の根っこにある触覚に大きな変化が起こっている可能性があるから。

［　　］

4 本文で筆者は「花祭りや華道」の働きについて、どのように述べているか。その説明として最も適切なものを次の**ア**～**エ**から一つ選び、記号で答えよ。

ア 生きることの根本にあるものを隠してきたという、近代化というものの実相を知らせてくれている。

イ 普段行っているのに気づいていない、生きることの根元にあるものをはっきりと教えてくれている。

ウ 生活の中で見過ごしていたためにわからなかった、生きることに対する疑問を解明してくれている。

エ 物の実際の感触を直接経験できないのが、われわれの生の実態であることを明確に示してくれている。

［　　］

STEP3 7

難関高校入試問題 7

—説明的文章—

対応できる設問形式

- 指示語問題
- 接続語問題
- 構成問題
- 空欄補充問題
- 理由説明問題
- 心情問題
- 主題問題
- 要旨問題

解答・解説…別冊72ページ

Q 次の文章を読んで、後の問いに答えなさい。

明治大学付属中野高

仕事でブータンに行ったことがあります。ブータンでは今もまだ車がほとんど使われておらず、荷物運びは馬でやっています。これは私が子どものころの鎌倉《かまくら》の町とそっくりです。牛馬が町を歩き回っていて、牛ふん、馬ふんを踏まないように歩く技術は、子どものころ身につけていました。しかしブータンに行って最初に踏んづけてしまい、それから思い出して気をつけて歩きました。

ブータンでは貨幣経済もまだよく浸透していません。要するに農村です。町といっても一番大きな町が人口二万人なので、日本でいうと村ぐらいにしか見えません。テレビもテレビ放送もない。国策としてテレビをやらないのです。

ブータンの国王は若くておもしろい人で、「わが国の方針はGNHだ」と言っています。日本はGNP（グロス・ナショナル・プロダクト＝国民総生産）ですが、ブータンはグロス・ナショナル・ハッピネス（国民総幸福）を追求するというのです。ああいうところへ行くと、まず気分がのんびりして体に大変いい。東京に戻ると体の具合が悪くなる。何人かの人が一緒に行きましたが、東京にいるとどこか具合が悪いがブータンに来ると治る、と言っていました。

これはいったい何か——。日本の近代化という言葉がありますが、よく考えてみると何が近代化なのかよくわからないところがある。私はむしろ「戦後の日本の特徴は都市化であった」と言ったほうがいいと思っています。このほうがはるかに具体的に話がわかる。

都市とはどういうものか。図に描けば、四角の中に人が住むところです。日本で最も古い形の都市も、吉野ヶ里※1のような堀で囲まれた空間です。それがきちんと成立するのが平城京や平安京。不思議なことに日本では城郭を置いていませんが、①大陸諸国では必ず周辺を城郭で囲っていて、その内部が都市なのです。

ヨーロッパでは中世に典型的な城郭都市ができて、それが現在でもたくさん残っています。こういう町を訪問した人が、非常に古い町なのに道路が敷石で全部舗装されていると感心する。

しかし感心などすることはない。これが実は都市のルールだからです。私はそう考えています。都市という四角の中には自然のものは置かない、というルール。自然は排除されます。たとえ木があっても、それは人が植えたもの、しつらえたものです。都市という空間をそういうふうにとらえると、いろいろなことがよく理解できるはずです。

　近代日本の場合、この島全体を都市と見なす傾向をもっていたのではないか。それを中央集権化とか、近代化とか、いろいろと表現してきました。

　四角で囲まれた空間の中では自然は排除されますが、その代わりに置かれるのが人工物です。つまり私たちが考え出したものです。意識的、意図的に置いたもの。そういうルールの世界なので、都市化が進行すると何が起こるかは、比較的簡単に読めるのです。要するに、意識されないものは②そこには置いてはいけない、ということです。

　たとえば建物がそうです。建物は人が完全に意識的につくり上げたものです。設計してつくられたものだから、もともとは設計者の頭の中にあったものでした。それが設計図として表現され、その設計図に従ってつくられたのです。だから、建物は、実は建築家や内装を考えた人の脳の中、頭の中そのものです。③そこではすべてが意識化されているので、予期せざる出来事は起こらないことになっているのです。

　もし予期せぬことが起これば、不祥事と見なされます。講演をしていて、ゴキブリが私の足元に出てきたことがありました。これは典型的な不祥事です。つまりゴキブリはこういう空間には出てきてはいけないのであって、なぜいけないかというとそれは自然のものだからです。

　設計者、内装者はそこにゴキブリが出てくることを全然計算に入れていないので、それはあってはならないものです。そういうものが出てくると大の男が目をつり上げて追いかけていって踏みつぶす。都市空間では自然の排除という原則がいかに強く貫徹しているかを私は再認識しました。

　人工空間は世界中どこでもまったく同じ性質を持っています。城壁で囲うというのは案外利口な知恵ではないかと思います。この中だけですよ、という約束事が成り立つからです。ちょっとでも外へ出れば自然が始まり、離れれば離れるほど自然が強くなっていきます。

　つまり都市の中はすべてが人の意識でコントロールできる世界ですが、外に行くと意識でコントロールできない部分が次第にふえていって、最終的に完全にコントロールできない世界、すなわち自然が出現してくるわけです。

　ヨーロッパの場合、④コントロールできない世界が、森でした。現在の西ヨーロッパの歴史は実は森林を削ってきた歴史です。一九世紀の終わりにはヨーロッパは森を削り終わりました。ポーランドに森林性の野牛が最後に生き残っていたのが一九世紀の末です。

　そういう形で森を削っていったわけですが、森に住む人というのも当然いたのです。グリム童話を読めばすぐわかりますが、中世の森に住んでいた人たちは魔物として登場します。つまり、ヘンゼルとグレーテルの魔女は森に住んでいるし、赤ずきんちゃんのオオカミは人の言葉を話すのです。

森に住む人は都市に住む人とまったく違うルールで生きています。おとぎ話を書き残すのは都市の人なので、彼らにしてみれば、森に住む人たちは人ではなく魔物にしか見えません。

そう考えると都市のルールというのは世界中どこでも同じ、歴史上どこでも同じように見えてきます。

都市の中で、やむをえず発生する自然があります。九五年に神戸で地震がありましたが、日本の場合には震災とか台風などの自然災害です。そういう予期せざる出来事をもたらす自然が、都市の中にどうしても存在してしまう。

どうしても存在する自然はまだあって、実は私たちそのもの、人間の身体がそうです。都市で一番困るのが死んだ人です。⑤死んだ人が発生すると、どう扱っていいかわからない。亡くなると人はやがて土に返る、すなわち自然に戻っていきますが、都市の中で暮らしていると「土に返る」という観念がないので、自然に戻るところでうろたえてしまう。だから、そこにさまざまなタブー※2を置いて、そこから先は考えないという形で仕切りをつくっているのです。

ちょうど心の中に城郭をつくるのと同じことで、その外は無視する、考えないことにするのです。

中世の文献を読むと、こんな現代とはまったく違った世界があることがわかります。たとえば『平家物語』を読むと話がまったく違う。あそこに登場する人たちは、直接に人の自然を見ているような気がします。

平重盛《たいらのしげもり》がまだ四〇代で病気になって、どうも危ない。それを親父《おやじ》の清盛《きよもり》が心配して、中国からいい医者が来ているから、当時の福原（神戸）から京都にやるから診《み》てもらえというのを、重盛が断ります。自分の寿命を知っているからだと思いますが、そんな必要はないと言うのです。

注意して読めば、こんな話から中世と近世のはっきりした違いが見えてくる。中世の人たちはまだまだ囲いが穴だらけの中に暮らしていたが、近世つまり江戸以降は、日本人は完全にこの城郭の中に住むようになったということです。

中世と近世の二つの常識の違いは、日本では極端に出ているような気がします。乱暴な言い方をすると、縄文《じょうもん》の人たちはまさに自然と折り合って暮らしていましたが、弥生《やよい》時代になると吉野ヶ里に見るようにまず堀を掘って、その中の空間に住むようになります。それが完成するのがおそらく平城京、平安京という古代です。古代の人は中世の人とは違って、私どもに近い感覚を持っています。

『平家物語』の終わりのほうに出てくる話ですが、義経《よしつね》と範頼《のりより》が壇ノ浦で平家を滅ぼして、大勢の平家の公達《きんだち》※3の首を持って帰ってくる。そして京都でそれをさらし首にするという。後白河法皇《ごしらかわほうおう》を中心にした朝廷があるので、そこの公家《くげ》たちがさらし首を許すか許さないか議論する。そして、してもらっては困るという結論を出します。

宮廷の人たちはいわば都会人、私たちと同じ人々なので、さらし首などとんでもないと言う。しかし義経と範頼は断固として聞かない。しないなら我々が何のために戦ったかわからん、というような感じでさらし首を強行しました。

こうしたところに中世の人間と古代人の末裔《まつえい》※4たる宮廷人の違いが、非常にはっきりと出ているような気がします。現在さらし首をやれば、おそらく大変な物議をかもすだろうと思います。それがはっきりしているということは、私たちの感性と当時の宮廷人の感性は同じものだということです。なぜ同じかと言えばそれは都会人だからだと私は思います。

（養老孟司の文章による）

※1 吉野ヶ里＝九州にある弥生時代の遺跡。
※2 タブー＝社会の習慣として、すべきではないとされていること。
※3 公達＝貴族の青少年。　※4 末裔＝子孫。

1 ――線①の理由を筆者はどのように考えていますか。最もふさわしいものを次の**ア**～**エ**の中から選び、記号で答えなさい。

ア 城郭で囲うことによって、外敵や異民族の侵入を防ぐことができるから。

イ 城郭で囲うことによって、内部だけの約束事が成り立ち、都合がよいから。

ウ 城郭で囲うことによって、自然のものを置かずに、近代化を推進させられるから。

エ 城郭で囲うことによって、内部に人工物を置くことができ、快適な空間が生まれるから。

［　　］

2 ――線②・③「そこ」の指示内容をそれぞれ熟語で答えなさい。

② ［　　］　③ ［　　］

3 ――線④「コントロールできない世界が、森でした」とあるが、その理由を「森は」に続く形で本文中の言葉を用いて答えなさい。

森は［　　］

4 ――線⑤「死んだ人が発生すると、どう扱っていいかわからない」とあるが、その理由を述べた次の文の空欄にあてはまる部分を本文中より1字以内で抜き出しなさい。

［死んだ人は、□できないから。］

5 本文を内容の上から前半と後半に分けた場合、後半はどこから始まりますか。最初の五字を答えなさい。

STEP3
8

難関高校入試問題 8 ―説明的文章―

対応できる設問形式

- 指示語問題
- 接続語問題
- 構成問題
- 空欄補充問題
- 理由説明問題
- 心情問題
- 主題問題
- 要旨問題

解答・解説…別冊76ページ

Q 次の文章を読んで、後の問いに答えなさい。

慶應義塾志木高

子供に釘を打たせることは大事である。釘を打つには、柔らかすぎる木は、堅すぎる木と同じくらい使い物にならないことを子供は知る。薄い朴の板に対して、太すぎる釘は、細すぎる釘と同じくらい使い物にならないことも知る。金槌を垂直に下ろす力は、強すぎても弱すぎてもいけないことがわかる。こうして出来上がった棚には、いろいろな程度の成功と失敗とがある。棚は、生活の使用の中でいろいろに試され、そのことをますますはっきりさせる。外部の抵抗物に、こんなふうに向き合っている知性は、あるいは知恵は、決して誤らないだろう。こうした知恵は、やり方次第で実はどこまでも伸びて深くなっていくものだ。

中学校に「技術家庭」という教科がある。私も中学生の頃、出来損ないの椅子だの本立てだのをこの技術家庭の時間に作らされた。ところが、作る時間はあんまり短く、指導する先生はほんとうは社会科の教師という始末で、何が何やらわからないうちに授業は終わった。指導したのが一流の家具職人であったら、またこの職人が実際にその腕をふるってみせたら（彼は釘など打つまいが）、ずいぶんと様子は違ったであろう。［イ］、家具職人は、仮にお呼びがかかったところで学校にはまず出向いていかない。彼がその腕を磨いて生きてきた場所は、学校なんかではない。学校に付きあっていれば自分の中で死ぬ技術があることを、彼は知っている。

「技術家庭」の運営については、まあどうでもよい。問題は、釘を打つ知恵の存在について、それをどこまでも深くしていくやり方が有ることについて、私たちがよく考えてみることである。知恵は、もちろん知性の中に含まれている。本能は種や群れの能力だが、知性は個体の能力である。本能が動かす個々の身体は、それ自体が群れに与えられた精度の高い道具になっている。本能は決して身体以外の道具を作り出さない。これに対して、知性動物は、その知性を伸ばすほど、身体の外に自分の道具を作り出す。身体自身は、群れの道具であることをやめ、道具を作り、それを操る主人になろうとする。言うまでもなく、人間はそのことに驚異的に成功した動物である。私たちの知恵は、身体の外に作り出されるこの道具の使用と初めから結びついている。

　歩くことから解放された人間の［A］は、身体の外に精巧極まりない道具を作り出した。この道具を使ってまた別の道具が作り出され、またその道具を使って別の道具が作り出され、こうして拡大はきりなく続いた。けれども、このような道具が外部の抵抗物に向かって直接使用されている限り、道具を使用する技術は、この抵抗物の性質に従わなくてはならないだろう。石に向かう道具は石の性質に、木に向かう道具は木の性質に従わなくてはならない。私たちの知恵はそこで育ち、そこで激しく働く。釘を打つことから捉えうる木の性質があり、鋸《のこぎり》を挽《ひ》くことから開きうる木の性質がある。知恵はあるすぐれた受動性からくる均衡のなかで、これらの性質と共生し、これらのなかに深く入り込んでいく。深く、とはこの場合、身体による知覚をはるかに超えて、という意味である。

　実際、ここには道具の使用によってだけ可能な〈物の学習〉があると言ってよい。たぶん、このような学習は人間のみがする。他の動物なら、こういうことはしなくてよい。猿のような高い知性を持った動物でさえ、〈物の学習〉は必要ではない。猿が学習するのは、行動が受け取る外部からのちょっとした合図であり、出来事と出来事との間の連関である。釘を打つ知恵は、木の性質のなかに入り込み、その性質と共に生きていることの喜びを湧き上がらせる。知恵の進展には、必ずこの喜びが伴っている。

　知性は生物上の個体が有用に行動するためのひとつの能力にほかならない。個体のこの能力が最初に育てる知恵は、道具を使用する〈物の学習〉から来ている。物の性質に入り込み、その性質と共生して進む知恵こそが、知性から育つ最初の知恵である。「人と人との間」に適用される知恵が、これとはまったく別ものであるはずがない。道具を使用して行動する知恵が、自分の外でぶつかる抵抗物は、単なる物体ではないだろう。釘を打つべき板一枚からして、すでにそれは変化する微妙な性質である。このような性質の無限の連続変化は、知性が立ち向かう世界の全体をいっぱいに満たしている。〈他人〉もまた、そこに現れるひとつの抵抗物、おそらくは最も複雑な抵抗物なのではないか。

　板に釘を打つ私の知恵は、板の性質に、その変化の内側に入り込む一種の認識力へと発展する。しなければ、釘を打つことにおいて私は永久に役立たずであろう。いや、釘ひとつ打つことにうまくなれない私は、きっと何事につけても役立たずとなるに違いない。この場合、役立たずとは、物の性質がわからない、性質の差異が一向見分けられない、ということと同じ意味である。反対に、ものの役に立つとは、物の性質がわかり、さまざまな性質の差異を見分け、要するに〈物の学習〉に長じていることと同じ意味のように思われる。だが、それだけではない。この学習に長じる者は、「人と人との間」を生きる知恵にすぐれる者である。なぜなら、この学習にとって、物と人とは同じように在る外部の抵抗物であるから。

　こうした知恵は、そのままでは倫理的とは言えないかも知れない。けれども、こうした知恵のないところでは、倫理的であろうとする意志は、はた迷惑なばかりだろう。また、こうした知恵のないところで活動する得手勝手な知性は、おそろしく愚鈍であるか、または残酷であるかだろう。儒学者流の道徳の不要を唱えた本居宣長は、このことをよく知っていた。善悪是非を賢げに論じて道徳を説く輩に、ものの役に立つ人間は一人もいないと彼は考えた。人間には道徳などいらない、ものの役に立つだけで充分である。その知恵を深くする努力があるだけで充分である。なぜなら、その行為のなかには、「事の心」「物の心」を知る能力のすべてが備わっているからだ。宣長は、たとえばこう言っている。

「目に見るにつけ、耳にきくにつけ、身にふるゝにつけて、其よろづの事を、心にあぢはへて、そのよろづの事の心を、わが心にわきまへしる、是事の心をしる也、物の心をしる也、物の哀をしる也」（『紫文要領』）

このことに付け加えるべき道徳などはない。あれば、議論になり、争いになり、やがては殺し合いになるだけであろう。そんなものの何が道徳であるか。宣長には、そういう徹底した信念があった。反対に、「事の心」「物の心」を知る努力の深まりのなかには、決して争いを引き起こさないひとつの強い喜びがある。その喜びは、板に釘一本打つところからすでに始まっているのだ。それは、一体なぜなのか？　この問いに答えられるのは、人間を作った自然だけかもしれない。だが、自然は答えない。答えないのが自然である。この事実の奥の奥にこそ、おそらく道徳の最初の（あるいは最後の）原理が眠っている。

（前田英樹「倫理という力」より）

1

文中空欄［イ］に入る最も適切な接続詞を以下の中から選び記号で解答しなさい。

a けれども　b だから　c そして
d あるいは　e なぜなら

［　　］

2

文中空欄［A］に入る最も適切な語を以下の中から選び記号で解答しなさい。

a 脚力　b 行動　c 両手
d 自由　e 幸運

［　　］

3

次に掲げる要約文の空欄に入る最も適切な語句を以下の中から選択しなさい。一つの語句は一度しか使えない。解答は番号で答えなさい。

人間が外部のさまざまな物に対して知性を持って働きかけて行く過程で、［a］と向き合いながらそのものの性質に入り込み［b］していくことは、常に喜びを伴う。この［c］の方法は［d］に横たわる諸問題の解決にも適用される。これら「倫理」・「道徳」の世界は古来多くの思想によって究明されているが、［e］の唱えた「物の心」を知るという方法もその一つといって良いだろう。この知恵は決して争いを引き起こさない。さてそれがどうしてなのか。それは人間からも、それを育んだ自然からもまだ答えは聞こえて来ない。

1 本能　2 変化　3 本居宣長　4 物の学習
5 共生　6 種や群れ　7 儒学者
8 人と人との間　9 外部の抵抗物　10 物の性質

a［　　］　b［　　］　c［　　］
d［　　］　e［　　］

巻末付録

読解に役立つ慣用読み

動物

海豹↓アザラシ
浅蜊↓アサリ
鰺↓アジ
家鴨↓アヒル
虻↓アブ
信天翁↓アホウドリ
水黽↓アメンボ
水馬↓アメンボ
鮎↓アユ
鮑↓アワビ
鮟鱇↓アンコウ
烏賊↓イカ

斑鳩↓イカル・イカルガ
鼬↓イタチ
蝗↓イナゴ
猪↓イノシシ
海豚↓イルカ
鰯↓イワシ
鵜↓ウ
鶯↓ウグイス
蛆↓ウジ
鶉↓ウズラ
鰻↓ウナギ
海胆↓ウニ
雲丹↓ウニ
海老↓エビ
蝦↓エビ

鸚鵡↓オウム
狼↓オオカミ
鳳↓オオトリ
鴛鴦↓オシドリ
蚕↓カイコ
牡蠣↓カキ
蜉蝣↓カゲロウ
鵲↓カササギ
河鹿↓カジカ
蝸牛↓カタツムリ・デンデンムシ
鵞鳥↓ガチョウ
鰹↓カツオ
郭公↓カッコウ
河童↓カッパ
蟹↓カニ
河馬↓カバ
甲虫↓カブトムシ
蝦蟇↓ガマ
蟷螂↓カマキリ
鴨↓カモ
羚羊↓カモシカ
鷗↓カモメ
烏↓カラス
雁↓カリ

鰈↓カレイ
川獺↓カワウソ
翡翠↓カワセミ
雉↓キジ
啄木鳥↓キツツキ
螽蟖↓キリギリス
麒麟↓キリン
水鶏↓クイナ
孔雀↓クジャク
轡虫↓クツワムシ
蜘蛛↓クモ
水母↓クラゲ
鯉↓コイ
蝙蝠↓コウモリ
蟋蟀↓コオロギ
駒鳥↓コマドリ
犀↓サイ
鷺↓サギ
鮭↓サケ
栄螺↓サザエ
鯖↓サバ
鮫↓サメ
鰆↓サワラ
山椒魚↓サンショウウオ

秋刀魚↓サンマ
鴫↓シギ
獅子↓シシ
蜆↓シジミ
四十雀↓シジュウカラ
紙魚↓シミ
鯱↓シャチ
軍鶏↓シャモ
十姉妹↓ジュウシマツ
猩猩↓ショウジョウ
虱↓シラミ
鱸↓スズキ
海象↓セイウチ
鶺鴒↓セキレイ
蟬↓セミ
鯛↓タイ
鷹↓タカ
蛸↓タコ
太刀魚↓タチウオ
駝鳥↓ダチョウ
田螺↓タニシ
鱈↓タラ
蝶↓チョウ
狆↓チン

鶫→ツグミ
燕→ツバメ
鶴→ツル
貂→テン
蜥蜴→トカゲ
泥鰌→ドジョウ
馴鹿→トナカイ
鳶→トビ・トンビ
蜻蛉→トンボ・カゲロウ
海鼠→ナマコ
鯰→ナマズ
蛞蝓→ナメクジ
鳰→ニオ
鰊→ニシン
鼠→ネズミ
蚤→ノミ
蠅→ハエ
貘→バク
蜂→ハチ
蛤→ハマグリ
鱧→ハモ
隼→ハヤブサ
氷魚→ヒオ

蜩→ヒグラシ
雲雀→ヒバリ
豹→ヒョウ
鵯→ヒヨドリ
蛭→ヒル
鶸→ヒワ
鱶→フカ
河豚→フグ
梟→フクロウ
鮒→フナ
鰤→ブリ
頬白→ホオジロ
時鳥→ホトトギス
子規→ホトトギス
杜鵑→ホトトギス
不如帰→ホトトギス
蜀魂→ホトトギス
鮪→マグロ
鱒→マス
蓑虫→ミノムシ
蚯蚓→ミミズ
木菟→ミミズク
百足→ムカデ

椋鳥→ムクドリ
土竜→モグラ
百舌→モズ
山羊→ヤギ
山雀→ヤマガラ
守宮→ヤモリ
葦切→ヨシキリ
行行子→ヨシキリ
駱駝→ラクダ
栗鼠→リス
驢馬→ロバ
公魚→ワカサギ
鷲→ワシ
鰐→ワニ

植物

葵→アオイ
茜→アカネ
薊→アザミ

葦→アシ
紫陽花→アジサイ
馬酔木→アシビ・アセビ
小豆→アズキ
梓→アズリ
翌檜→アスナロ
菖蒲→アヤメ・ショウブ
粟→アワ
杏子→アンズ
苺→イチゴ
無花果→イチジク
独活→ウド
瓜→ウリ
榎→エノキ
豌豆→エンドウ
荻→オギ
女郎花→オミナエシ
万年青→オモト
楓→カエデ
杜若→カキツバタ
樫→カシ
柏→カシワ
桂→カツラ

樺→カバ
蕪→カブ・カブラ
南瓜→カボチャ
蒲→ガマ
榧→カヤ
枳殻→カラタチ
落葉松→カラマツ
甘藷→カンショ・サツマイモ
桔梗→キキョウ
黍→キビ
胡瓜→キュウリ
夾竹桃→キョウチクトウ
銀杏→ギンナン・イチョウ
楠→クス・クスノキ
葛→クズ
梔子→クチナシ
山梔子→クチナシ
櫟→クヌギ
茱萸→グミ
栗→クリ
胡桃→クルミ
芥子→ケシ
欅→ケヤキ

紫雲英→ゲンゲ
楮→コウゾ
苔→コケ
辛夷→コブシ
牛蒡→ゴボウ
胡麻→ゴマ
昆布→コンブ・コブ
榊→サカキ
柘榴→ザクロ
笹→ササ
山茶花→サザンカ
百日紅→サルスベリ
山椒→サンショウ
椎茸→シイタケ
紫苑→シオン
紫蘇→シソ
羊歯→シダ
石南花→シャクナゲ
秋海棠→シュウカイドウ
棕櫚→シュロ
生姜→ショウガ
沈丁花→ジンチョウゲ
西瓜→スイカ
水仙→スイセン

睡蓮→スイレン
菅→スゲ
薄→ススキ
鈴蘭→スズラン
菫→スミレ
李→スモモ
芹→セリ
栴檀→センダン
蕎麦→ソバ
橙→ダイダイ
筍→タケノコ
橘→タチバナ
蓼→タデ
玉葱→タマネギ
蒲公英→タンポポ
茅→チガヤ
土筆→ツクシ
柘植→ツゲ
蔦→ツタ
躑躅→ツツジ
椿→ツバキ
籐→トウ
冬瓜→トウガン
玉蜀黍→トウモロコシ

木賊→トクサ
橡→トチ
団栗→ドングリ
梨→ナシ
茄子→ナス・ナスビ
薺→ナズナ
棗→ナツメ
撫子→ナデシコ
楢→ナラ
楡→ニレ
人参→ニンジン
大蒜→ニンニク
葱→ネギ
合歓→ネム
海苔→ノリ
萩→ハギ
蓮→ハス
帚木→ハハキギ・ホウキギ
浜木綿→ハマユウ
薔薇→バラ
柊→ヒイラギ
稗→ヒエ
檜→ヒノキ
向日葵→ヒマワリ

白檀→ビャクダン
瓢箪→ヒョウタン
枇杷→ビワ
蕗→フキ
葡萄→ブドウ
芙蓉→フヨウ
糸瓜→ヘチマ
鳳仙花→ホウセンカ
朴→ホオ
牡丹→ボタン
槙→マキ
柾→マサ・マサキ
松茸→マツタケ
曼珠沙華→マンジュシャゲ
蜜柑→ミカン
茗荷→ミョウガ
海松→ミル
木槿→ムクゲ
葎→ムグラ
藻→モ
木犀→モクセイ
樅→モミ
椰子→ヤシ
寄生木→ヤドリギ

藪柑子→ヤブコウジ
柚子→ユズ
百合→ユリ
蓬→ヨモギ
林檎→リンゴ
竜胆→リンドウ
和布→ワカメ
山葵→ワサビ
勿忘草→ワスレナグサ
蕨→ワラビ
吾亦紅→ワレモコウ

その他

灰汁→アク
欠伸→アクビ
明後日→アサッテ
明日→アス・アシタ
天晴→アッパレ
貴方→アナタ
海女→アマ

許嫁・許婚↓イイナズケ
硫黄↓イオウ
如何↓イカガ・イカン
意気地↓イクジ
生簀↓イケス
十六夜↓イザヨイ
漁火↓イサリビ
何処↓イズコ・ドコ
悪戯↓イタズラ
一言居士↓イチゲンコジ
田舎↓イナカ
稲妻↓イナズマ
稲荷↓イナリ
息吹↓イブキ
因縁↓インネン
転た寝↓ウタタネ
有頂天↓ウチョウテン
団扇↓ウチワ
海原↓ウナバラ
乳母↓ウバ・メノト
浮気↓ウワキ
浮つく↓ウワツク
笑顔↓エガオ

回向↓エコウ
干支↓エト
お母さん↓オカアサン
伯父↓オジ
叔父↓オジ
白粉↓オシロイ
お父さん↓オトウサン
一昨日↓オトトイ・オトツイ
一昨年↓オトトシ
大人↓オトナ
乙女↓オトメ
伯母↓オバ
叔母↓オバ
お巡りさん↓オマワリサン
御神酒↓オミキ
母屋↓オモヤ
母家↓オモヤ
開眼↓カイゲン
案山子↓カカシ
神楽↓カグラ
陽炎↓カゲロウ
河岸↓カシ
霞↓カスミ

風邪↓カゼ
固唾↓カタズ
仮名↓カナ
彼方↓カナタ
蒲鉾↓カマボコ
剃刀↓カミソリ
蚊帳↓カヤ
硝子↓ガラス
為替↓カワセ
河原↓カワラ
川原↓カワラ
祇園↓ギオン
気障↓キザ
昨日↓キノウ
今日↓キョウ
曲者↓クセモノ
果物↓クダモノ
供養↓クヨウ
玄人↓クロウト
敬虔↓ケイケン
境内↓ケイダイ
怪我↓ケガ
今朝↓ケサ

夏至↓ゲシ
景色↓ケシキ
桁↓ケタ
健気↓ケナゲ
心地↓ココチ
炬燵↓コタツ
東風↓コチ
今年↓コトシ
独楽↓コマ
幸先↓サイサキ
財布↓サイフ
早乙女↓サオトメ
肴↓サカナ
月代↓サカヤキ
雑魚↓ザコ
匙↓サジ
桟敷↓サジキ
差し支える↓サシツカエル
流石↓サスガ
五月晴れ↓サツキバレ
早苗↓サナエ
五月雨↓サミダレ
白湯↓サユ

笊↓ザル
潮騒↓シオサイ
時雨↓シグレ
刺繍↓シシュウ
竹刀↓シナイ
老舗↓シニセ
芝生↓シバフ
清水↓シミズ
注連縄↓シメナワ
七五三縄↓シメナワ
釈迦↓シャカ
三味線↓シャミセン
砂利↓ジャリ
数珠↓ジュズ
襦袢↓ジュバン
上手↓ジョウズ
食膳↓ショクゼン
白髪↓シラガ
不知火↓シラヌイ
素人↓シロウト
師走↓シワス
蜃気楼↓シンキロウ
数奇(寄)屋↓スキヤ

硯→スズリ
相撲→スモウ
歳暮→セイボ
石鹸→セッケン
台詞→セリフ
科白→セリフ
雑巾→ゾウキン
惣菜→ソウザイ
素麺→ソウメン
草履→ゾウリ
算盤→ソロバン
松明→タイマツ
凧→タコ
山車→ダシ
襷→タスキ
黄昏→タソガレ
三和土→タタキ
太刀→タチ
立ち退く→タチノク
殺陣→タテ
点前→タテマエ・テマエ
七夕→タナバタ
足袋→タビ
荼毘→ダビ

袂→タモト
箪笥→タンス
団欒→ダンラン
稚児→チゴ
提灯→チョウチン
一日→ツイタチ
衝立→ツイタテ
築山→ツキヤマ
佃煮→ツクダニ
九十九折→ツヅラオリ
蕾→ツボミ
心算→ツモリ
通夜→ツヤ
梅雨→ツユ
氷柱→ツララ
凸凹→デコボコ
手伝う→テツダウ
丁稚→デッチ
伝馬船→テンマセン
投網→トアミ
砥石→トイシ
冬至→トウジ
十重二十重→トエハタエ
読経→ドキョウ

時計→トケイ
心太→トコロテン
友達→トモダチ
長刀→ナギナタ
仲人→ナコウド
名残→ナゴリ
雪崩→ナダレ
鍋→ナベ
兄さん→ニイサン
姉さん→ネエサン
涅槃→ネハン
野良→ノラ
祝詞→ノリト
狼煙→ノロシ
烽火→ノロシ
野分→ノワキ・ノワケ
博士→ハカセ
刷毛→ハケ
鋏→ハサミ
箸→ハシ
二十→ハタチ
二十歳→ハタチ
二十日→ハツカ
波止場→ハトバ

麦酒→ビール
一入→ヒトシオ
一人→ヒトリ
日和→ヒヨリ
便箋→ビンセン
麩→フ
二人→フタリ
二日→フツカ
吹雪→フブキ
下手→ヘタ
部屋→ヘヤ
拇印→ボイン
黒子→ホクロ
布袋→ホテイ
雪洞→ボンボリ
迷子→マイゴ
真っ赤→マッカ
真っ青→マッサオ
燐寸→マッチ
俎→マナイタ
饅頭→マンジュウ
巫女→ミコ
味噌→ミソ
土産→ミヤゲ

息子→ムスコ
眼鏡→メガネ
猛者→モサ
紅葉→モミジ
木綿→モメン
最寄り→モヨリ
八百長→ヤオチョウ
八百屋→ヤオヤ
火傷→ヤケド
大和→ヤマト
夕凪→ユウナギ
浴衣→ユカタ
行方→ユクエ
羊羹→ヨウカン
寄席→ヨセ
若人→ワコウド
草鞋→ワラジ